하루 한 장

필수 어휘 손글씨 연습장

글 **어린이독서사랑연구회**

엠앤키즈

하루 한 장 필수 어휘 손글씨 연습장

초판 1쇄 인쇄 2021년 8월 10일
초판 6쇄 발행 2025년 5월 12일

글 어린이독서사랑연구회

펴낸곳 M&K
펴낸이 구모니카
마케팅 신진섭
등록 제7-292호 2005년 1월 13일
주소 경기도 고양시 일산서구 고양대로 255번길 45, 903동 1503호(대화동, 대화마을)
전화 02-323-4610
팩스 0303-3130-4610
E-mail sjs4948@hanmail.net
Tistory https://mnkids.tistory.com

ISBN 979-11-91527-07-0

※ 값은 뒤표지에 있습니다. 잘못된 책은 바꾸어 드립니다.

목차

1. 틀리기 쉬운 맞춤법

글자가 헷갈리는 낱말 …… 8
발음이 같거나 비슷한 낱말 …… 16
틀리기 쉬운 낱말 Ⅰ …… 44
틀리기 쉬운 낱말 Ⅱ …… 52
잘못 쓰기 쉬운 낱말 …… 66

2. 필수 어휘 따라 쓰기

초등학교 교과서에 나오는 주요 낱말 (ㄱ~ㄷ) …… 80
초등학교 교과서에 나오는 주요 낱말 (ㄹ~ㅂ) …… 94
초등학교 교과서에 나오는 주요 낱말 (ㅅ~ㅈ) …… 108
초등학교 교과서에 나오는 주요 낱말 (ㅊ~ㅎ) …… 122

부록 …… 134

글씨 쓰기는 모든 공부의 첫걸음입니다.

세상에는 제각기 다른 얼굴이 있듯이 글씨 또한 모양새가 다릅니다.

글씨는 남들이 보기에 이쁘거나 혹은 반듯하거나 물론 글씨체가 이쁘고 반듯하면 훨씬 좋겠지요.

한 글자 한 글자에 정성을 들여 쓰면 읽기와 집중력 향상에 도움이 되고 숨은 능력을 이끌어 내는 힘도 길러집니다.

이 책에서는 읽고, 쓰고, 생각하며 탄탄한 어휘력을 학습할 수 있어요.

어휘력은 왜 중요할까요?

글씨 쓰기가 모든 공부의 첫걸음이라면 '어휘력'은 학습의 기초라고 말할 수 있어요.

각자의 어휘력에 따라 공부 내용의 이해와 표현이 달라지기 때문입니다.

초등학교 교과서에 나오는 헷갈리는 낱말, 틀리기 쉬운 낱말, 발음이 같거나 비슷한 낱말 등 탄탄한 어휘력의 기초를 충분히 쌓을 수 있게 만들어 주고 여기에 스스로 직접 문장을 완성하여 어휘력과 문장력을 갖출 수 있도록 체계적으로 구성하였어요.

바른 자세를 만들어요! (오른손잡이 기준)

먼저 연필을 엄지와 검지로 모아 쥐여 주세요.
그리고 가볍게 가운뎃손가락으로 연필을 받치고
연필 끝에서 2~3센치 떨어진 곳을 잡아 주세요.
이때 연필의 기울기는 60~70도 사이로 잡아 주세요.

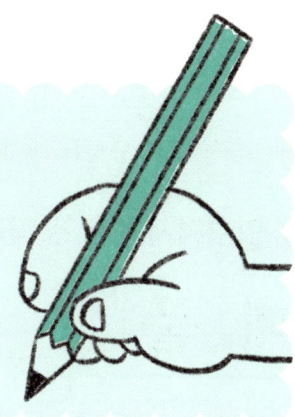

❶ 허리를 곧게 편다.
❷ 얼굴이 종이에 너무 가까워지지 않도록 한다.
❸ 왼손의 손바닥은 종이를 가볍게 눌러 잡아 준다.
❹ 오른쪽 팔꿈치를 책상에 올리지 않고 글씨 연습을 한다.

1. 틀리기 쉬운 맞춤법 글자가 헷갈리는 낱말

① 페품 → 폐품

폐품

📖 국어사전의 뜻
못 쓰게 되어 버린 물품.

어떻게 쓰일까요?

고물상에 폐품이 무더기로 쌓여 있다.
폐품을 알뜰히 모아서 재활용하였다.
폐품을 재활용하는 것이 환경 보호입니다.

뜻을 생각하며 바르게 써 보아요!

🔊 읽으면서 바르게 따라 써 보아요.

| 폐 | 품 |

고물상에 폐품이 무더기로 쌓여 있다.

고물상에 폐품이 무더기로 쌓여 있다.

폐품을 알뜰히 모아서 재활용하였다.

폐품을 알뜰히 모아서 재활용하였다.

폐품을 재활용하는 것이 환경 보호입니다.

폐품을 재활용하는 것이 환경 보호입니다.

못 쓰게 되어 버린 물품.

못 쓰게 되어 버린 물품.

❷ 핑게 → 핑계

핑계

📖 **국어사전의 뜻**
잘못한 일에 대하여 이리저리 돌려 말하는 구차한 변명.

어떻게 쓰일까요?

바쁘다는 핑계로 오지 않았다.
친구에게 핑계를 대지 않았다.
자꾸 핑계만 대지 말고 묻는 말에나 대답하세요.

핑계만 대지 말고 사실을 말해 봐!

🔊 **읽으면서 바르게 따라 써 보아요.**

| 핑 | 계 |

바쁘다는 핑계로 오지 않았다.
바쁘다는 핑계로 오지 않았다.

친구에게 핑계를 대지 않았다.
친구에게 핑계를 대지 않았다.

자꾸 핑계만 대지 말고 묻는 말에나 대답하세요.
자꾸 핑계만 대지 말고 묻는 말에나 대답하세요.

잘못한 일에 대하여 이리저리 돌려 말하는 구차한 변명.
잘못한 일에 대하여 이리저리 돌려 말하는 구차한 변명.

1. 틀리기 쉬운 맞춤법   글자가 헷갈리는 낱말

❸ 계시판 → 게시판

게시판 | 📖 **국어사전의 뜻**
여러 사람에게 알릴 내용을 내붙이거나 내걸어 두루 보게 붙이는 판.

어떻게 쓰일까요?

포스터를 게시판에 붙였다.
게시판에 합격자 명단이 있다.
인터넷 게시판에 작가의 글이 올라오고 있다.

🔊 읽으면서 바르게 따라 써 보아요.

| 게 | 시 | 판 |

포스터를 게시판에 붙였다.

게시판에 합격자 명단이 있다.

인터넷 게시판에 작가의 글이 올라오고 있다.

여러 사람에게 알릴 내용을 내붙이거나 내걸어 두루 보게 붙이는 판.

④ 계양대 → 게양대

게양대 📖 **국어사전의 뜻**
기(깃발) 따위를 높이 걸기 위하여 만들어 놓은 대.

어떻게 쓰일까요?

게양대에는 태극기가 있어요.
친구가 게양대에 올라간 국기를 보고 있어요.
게양대의 깃발이 펄럭인다.

국기를 게양해요!

🔊 읽으면서 바르게 따라 써 보아요.

| 게 | 양 | 대 |

게양대에는 태극기가 있어요.

게양대의 깃발이 펄럭인다.

친구가 게양대에 올라간 국기를 보고 있어요.

기(깃발) 따위를 높이 걸기 위하여 만들어 놓은 대.

1. 틀리기 쉬운 맞춤법 글자가 헷갈리는 낱말

❺ 휴계실 → 휴게실

휴게실
📖 **국어사전의 뜻**
잠깐 동안 머물러 쉴 수 있도록 마련해 놓은 방.

어떻게 쓰일까요?

학생을 위한 휴게실이 있다.
휴게실에서 수다를 떨었다.
쉬는 시간에 친구와 휴게실에서 휴식을 취했다.

또박 또박!

📢 읽으면서 바르게 따라 써 보아요.

| 휴 | 게 | 실 |

학생을 위한 휴게실이 있다.

학생을 위한 휴게실이 있다.

휴게실에서 수다를 떨었다.

휴게실에서 수다를 떨었다.

쉬는 시간에 친구와 휴게실에서 휴식을 취했다.

쉬는 시간에 친구와 휴게실에서 휴식을 취했다.

잠깐 동안 머물러 쉴 수 있도록 마련해 놓은 방.

잠깐 동안 머물러 쉴 수 있도록 마련해 놓은 방.

❻ 꺼꾸로 → 거꾸로

거꾸로
📖 **국어사전의 뜻**
차례나 방향, 또는 형편 따위가 반대로 되게.

어떻게 쓸까요?
일의 순서가 거꾸로 되었다.
신발을 거꾸로 신었다.
맑은 물에는 얼굴이 거꾸로 비치었다.

내 이름은 거꾸로 읽어도 같다.

🔊 읽으면서 바르게 따라 써 보아요.

거	꾸	로
거	꾸	로

일의 순서가 거꾸로 되었다.
일의 순서가 거꾸로 되었다.

신발을 거꾸로 신었다.
신발을 거꾸로 신었다.

맑은 물에는 얼굴이 거꾸로 비치었다
맑은 물에는 얼굴이 거꾸로 비치었다

차례나 방향, 또는 형편 따위가 반대로 되게.
차례나 방향, 또는 형편 따위가 반대로 되게.

1. 틀리기 쉬운 맞춤법 글자가 헷갈리는 낱말

복습하기

A 알맞은 뜻을 찾아 선으로 연결해 보아요.

❶ 폐품   ㉠ 차례나 방향, 또는 형편 따위가 반대로 되게

❷ 핑계   ㉡ 여러 사람에게 알릴 내용을 내붙이거나 내걸어 두루 보게 붙이는 판

❸ 게시판   ㉢ 못 쓰게 되어 버린 물품

❹ 게양대   ㉣ 잘못한 일에 대하여 이리저리 돌려 말하는 구차한 변명

❺ 휴게실   ㉤ 기(깃발) 따위를 높이 걸기 위하여 만들어 놓은 대

❻ 거꾸로   ㉥ 잠깐 동안 머물러 쉴 수 있도록 마련해 놓은 방

B 알맞은 낱말을 찾아 글자에 동그라미를 그려 보아요.

❶ 잠깐 동안 머물러 쉴 수 있도록 마련해 놓은 방

오 휴 살 양 계 꾸 핑 게 품 실

❷ 기(깃발) 따위를 높이 걸기 위하여 만들어 놓은 대

오 게 살 양 계 꾸 품 핑 휴 대

❸ 잘못한 일에 대하여 이리저리 돌려 말하는 구차한 변명

핑 품 휴 꾸 시 로 폐 폐 계 게

❹ 못 쓰게 되어 버린 물품

폐 객 내 품 두 무 미 사 생 어

❺ 여러 사람에게 알릴 내용을 내붙이거나 내걸어 두루 보게 붙이는 판

난 동 게 선 자 시 천 해 판 평

C 문장을 가지런히 쓰고 틀린 글자를 바르게 써 보아요.

❶ 고물상에 페품이 무더기로 쌓여 있다.

❷ 친구에게 핑게를 대지 않았다.

❸ 어제 계시판에 합격자 명단이 나왔다.

❹ 계양대의 깃발이 펄럭인다.

❺ 휴계실에서 친구들과 수다를 떨었다.

❻ 신발을 꺼꾸로 신었다.

15

1. 틀리기 쉬운 맞춤법 — 발음이 같거나 비슷한 낱말

❶ 낮다 [낟따]

낮다
📖 **국어사전의 뜻**
일정한 기준이나 보통에 미치지 못하는 상태에 있다.

어떻게 쓰일까요?

이 구두는 굽이 낮다.
게임 수준이 낮다.
올해 가장 낮은 온도로 떨어졌다.

🔊 읽으면서 바르게 따라 써 보아요.

| 낮 | 다 |

이 구두는 굽이 낮다.
이 구두는 굽이 낮다.

| 낮 | 다 |

게임 수준이 낮다.
게임 수준이 낮다.

올해 가장 낮은 온도로 떨어졌다.
올해 가장 낮은 온도로 떨어졌다.

일정한 기준이나 보통에 미치지 못하는 상태에 있다.
일정한 기준이나 보통에 미치지 못하는 상태에 있다.

❶-1 낫다 [낟:따]

낫다 | 📖 **국어사전의 뜻**
보다 더 좋거나 앞서 있다.
병이나 상처 따위가 고쳐져 본래대로 되다.

어떻게 쓰일까요?

형보다 동생이 인물이 낫다.
병이 씻은 듯이 낫다.
여러 친구보다 진정한 친구 한 명이 더 낫다.

뜻을 생각하며 바르게 써 보아요!

🔊 읽으면서 바르게 따라 써 보아요.

낫	다
낫	다

형보다 동생이 인물이 낫다.
형보다 동생이 인물이 낫다.

병이 씻은 듯이 낫다.
병이 씻은 듯이 낫다.

여러 친구보다 진정한 친구 한 명이 더 낫다.
여러 친구보다 진정한 친구 한 명이 더 낫다.

보다 더 좋거나 앞서 있다.
보다 더 좋거나 앞서 있다.

1. 틀리기 쉬운 맞춤법 — 발음이 같거나 비슷한 낱말

❷ 읽다 [익따]

읽다 | 📖 국어사전의 뜻
글이나 글자를 보고 그 음대로 소리 내어 말로써 나타내다.

어떻게 쓰일까요?

책을 처음부터 끝까지 읽다.
책을 또박또박 읽다.
신문을 많이 읽다 보면 지식이 많이 생긴다.

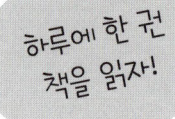
하루에 한 권 책을 읽자!

🔊 읽으면서 바르게 따라 써 보아요.

| 읽 | 다 |

책을 처음부터 끝까지 읽다.

책을 처음부터 끝까지 읽다.

| 읽 | 다 |

책을 또박또박 읽다.

책을 또박또박 읽다.

신문을 많이 읽다 보면 지식이 많이 생긴다.

신문을 많이 읽다 보면 지식이 많이 생긴다.

글이나 글자를 보고 그 음대로 소리 내어 말로써 나타내다.

글이나 글자를 보고 그 음대로 소리 내어 말로써 나타내다.

❷-1 익다 [익따]

익다 | 📖 **국어사전의 뜻**
열매나 씨가 여물다. 자주 보거나 들어 보아 설지 않고 친숙한 느낌이 있다.

어떻게 쓰일까요?

밥이 아직 덜 익다.
김장독에 김치가 익다.
이 골목은 유난히 눈에 익다.

발음이 비슷하네!

🔊 **읽으면서 바르게 따라 써 보아요.**

익	다
익	다

밥이 아직 덜 익다.
밥이 아직 덜 익다.

김장독에 김치가 익다.
김장독에 김치가 익다.

이 골목은 유난히 눈에 익다.
이 골목은 유난히 눈에 익다.

열매나 씨가 여물다.
열매나 씨가 여물다.

1. 틀리기 쉬운 맞춤법 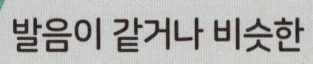 발음이 같거나 비슷한 낱말

❸ 배다 [배:다]

배다

📖 **국어사전의 뜻**
스며들거나 스며 나오다.
버릇이 되어 익숙해지다.

어떻게 쓰일까요?

옷에 땀이 배다.
어린 시절부터 습관이 몸에 배다.
서랍에 있는 옷이 냄새가 배다.

🔊 **읽으면서 바르게 따라 써 보아요.**

| 배 | 다 |

옷에 땀이 배다.

옷에 땀이 배다.

| 배 | 다 |

어린 시절부터 습관이 몸에 배다.

어린 시절부터 습관이 몸에 배다.

서랍에 있는 옷이 냄새가 배다.

서랍에 있는 옷이 냄새가 배다.

스며들거나 스며 나오다.

스며들거나 스며 나오다.

③-1 베다 [베:다]

베다

📖 **국어사전의 뜻**

무엇을 끊거나 자르거나 가르다.
누울 때, 베개 따위를 머리 아래에 받치다.

어떻게 쓰일까요?

낫으로 벼를 베다.
톱으로 나무를 베다.
아빠가 돌베개를 베고 잠이 들다.

비슷하게 생겼네?

🔊 읽으면서 바르게 따라 써 보아요.

| 베 | 다 |

낫으로 벼를 베다.
낫으로 벼를 베다.

톱으로 나무를 베다.
톱으로 나무를 베다.

아빠가 돌베개를 베고 잠이 들다.
아빠가 돌베개를 베고 잠이 들다.

무엇을 끊거나 자르거나 가르다.
무엇을 끊거나 자르거나 가르다.

1. 틀리기 쉬운 맞춤법 | 발음이 같거나 비슷한 낱말

❹ 업다 [업따]

업다 | 📖 **국어사전의 뜻**
사람이나 동물 따위를 등에 대고 손으로 붙잡거나 무엇으로 동여매어 붙어 있게 하다.
어떤 세력을 배경으로 삼다.

어떻게 쓰일까요?

아이를 등에 업다.
친구의 응원을 업고 게임에 이겼다.
친구는 업어 가도 모르게 깊은 잠을 잔다.

🔊 읽으면서 바르게 따라 써 보아요.

| 업 | 다 |

아이를 등에 업다.
아이를 등에 업다.

친구의 응원을 업고 게임에 이겼다.
친구의 응원을 업고 게임에 이겼다.

친구는 업어 가도 모르게 깊은 잠을 잔다.
친구는 업어 가도 모르게 깊은 잠을 잔다.

어떤 세력을 배경으로 삼다.
어떤 세력을 배경으로 삼다.

④-1 엎다 [업따]

엎다

📖 **국어사전의 뜻**
물건 따위를 거꾸로 돌려 위가 밑을 향하게 하다.

어떻게 쓰일까요?

바가지를 엎다.
유도선수는 엎어 치기의 고수이다.
그릇을 씻어 선반 위에 엎어 놓았다.

🔊 읽으면서 바르게 따라 써 보아요.

| 엎 | 다 |

바가지를 엎다.

유도선수는 엎어 치기의 고수이다.

그릇을 씻어 선반 위에 엎어 놓았다.

물건 따위를 거꾸로 돌려 위가 밑을 향하게 하다.

1. 틀리기 쉬운 맞춤법 발음이 같거나 비슷한 낱말

❺ 같이 [가치]

같이
📖 **국어사전의 뜻**
둘 이상의 사람이나 사물이 함께.

어떻게 쓰일까요?

친구와 같이 학교에 가다.
친구의 눈이 구슬같이 반짝였다.
다 같이 하는 일이니 동참을 하는 것이 좋다.

우리 같이 알아보자!

🔊 읽으면서 바르게 따라 써 보아요.

| 같 | 이 |

친구와 같이 학교에 가다.
친구와 같이 학교에 가다.

친구의 눈이 구슬같이 반짝였다.
친구의 눈이 구슬같이 반짝였다.

다 같이 하는 일이니 동참을 하는 것이 좋다.
다 같이 하는 일이니 동참을 하는 것이 좋다.

둘 이상의 사람이나 사물이 함께.
둘 이상의 사람이나 사물이 함께.

❺-1 가치 [가치]

가치

📖 국어사전의 뜻
사물이 지니고 있는 쓸모.

어떻게 쓰일까요?

그의 소설은 문학적 가치가 높다.
이 물건의 가치를 깊이 알지 못한다
이 작품에 특별히 내세울 만한 가치가 없다.

🔊 읽으면서 바르게 따라 써 보아요.

| 가 | 치 |

그의 소설은 문학적 가치가 높다.
그의 소설은 문학적 가치가 높다.

이 물건의 가치를 깊이 알지 못한다.
이 물건의 가치를 깊이 알지 못한다.

이 작품에 특별히 내세울 만한 가치가 없다.
이 작품에 특별히 내세울 만한 가치가 없다.

사물이 지니고 있는 쓸모.
사물이 지니고 있는 쓸모.

1. 틀리기 쉬운 맞춤법 — 발음이 같거나 비슷한 낱말

❻ 띠다 [띠:다]

띠다

📖 **국어사전의 뜻**

띠나 끈 따위를 두르다. 물건을 몸에 지니다.
용무나, 직책, 사명 따위를 지니다.

어떻게 쓰일까요?

얼굴에 미소를 띠다.
칼을 허리에 띠다.
토마토가 익으면서 곱고 붉은빛을 띠다.

🔊 읽으면서 바르게 따라 써 보아요.

| 띠 | 다 |

얼굴에 미소를 띠다.

얼굴에 미소를 띠다.

| 띠 | 다 |

칼을 허리에 띠다.

칼을 허리에 띠다.

토마토가 익으면서 곱고 붉은빛을 띠다.

토마토가 익으면서 곱고 붉은빛을 띠다.

띠나 끈 따위를 두르다.

띠나 끈 따위를 두르다.

6-1 띄다 [띠:다]

띄다 | 📖 **국어사전의 뜻**
눈에 보이거나 들어오다.

어떻게 쓰일까요?

장난감이 눈에 띈다.
거리에 친구들이 자주 눈에 띈다.
땅에 떨어진 지폐가 눈에 띄었다.

🔊 읽으면서 바르게 따라 써 보아요.

예쁘게 써 보자!

| 띄 | 다 |

장난감이 눈에 띈다.
장난감이 눈에 띈다.

| 띄 | 다 |

거리에 친구들이 자주 눈에 띈다.
거리에 친구들이 자주 눈에 띈다.

땅에 떨어진 지폐가 눈에 띄었다.
땅에 떨어진 지폐가 눈에 띄었다.

눈에 보이거나 들어오다.
눈에 보이거나 들어오다.

1. 틀리기 쉬운 맞춤법　발음이 같거나 비슷한 낱말

복습하기

A 알맞은 뜻을 찾아 선으로 연결해 보아요.

❶ 낫다　　　　　㉠ 열매나 씨가 여물다.

❷ 익다　　　　　㉡ 눈에 보이거나 들어오다.

❸ 베다　　　　　㉢ 보다 더 좋거나 앞서 있다.

❹ 엎다　　　　　㉣ 사물이 지니고 있는 쓸모.

❺ 가치　　　　　㉤ 물건 따위를 거꾸로 돌려 위가 밑을 향하게 하다.

❻ 띄다　　　　　㉥ 무엇을 끊거나 자르거나 가르다.

B 알맞은 뜻을 찾아 선으로 연결해 보아요.

❶ 낮다　　　　　㉠ 둘 이상의 사람이나 사물이 함께

❷ 읽다　　　　　㉡ 스며들거나 스며 나오다.

❸ 배다　　　　　㉢ 띠나 끈 따위를 두르다.

❹ 업다　　　　　㉣ 일정한 기준이나 보통에 미치지 못하는 상태에 있다.

❺ 같이　　　　　㉤ 글이나 글자를 보고 그 음대로 소리 내어 말로써 나타내다.

❻ 띠다　　　　　㉥ 어떤 세력을 배경으로 삼다.

C 괄호 안에 알맞은 낱말에 동그라미를 그려 보아요.

① 여러 친구보다 진정한 친구 한 명이 더 (낫다/낮다)

② 올해 가장 (낮은/낫은) 온도로 떨어졌다.

③ 책을 처음부터 끝까지 (익다/읽다)

④ 김장독에 김치가 (익다/읽다)

⑤ 서랍에 있는 옷이 냄새가 (베다/배다)

⑥ 아빠가 돌베개를 (베고/배고) 잠이 들다.

⑦ 친구의 응원을 (엎고/업고) 게임에 이겼다.

⑧ 유도선수는 (엎어/업고) 치기의 고수이다.

⑨ 친구와 (같이/가치) 학교에 가다.

⑩ 그의 소설은 문학적 (같이/가치)가 높다.

⑪ 토마토가 익으면서 곱고 붉은빛을 (띠다/띄다)

⑫ 장난감이 눈에 (띤다/띈다)

D 〈보기〉에서 하나의 낱말을 사용해 문장을 만들어 보아요.

| 보기 | 낫다 익다 베다 엎다 가치 띠다 |

_____
_____
_____

| 보기 | 낮다 읽다 배다 업다 같이 띄다 |

_____
_____
_____

1. 틀리기 쉬운 맞춤법 발음이 같거나 비슷한 낱말

7 묻히다 [무치다]

묻히다

📖 **국어사전의 뜻**
물건이 흙이나 다른 물건 속에 넣어져 보이지 않게 덮이다.

어떻게 쓰일까요?

손에 물을 묻히다.
옷에 페인트를 묻히다.
얼굴에 물감을 묻히다.

🔊 읽으면서 바르게 따라 써 보아요.

| 묻 | 히 | 다 |

손에 물을 묻히다.

옷에 페인트를 묻히다.

얼굴에 물감을 묻히다.

물건이 흙이나 다른 물건 속에 넣어져 보이지 않게 덮이다.

❼-1 무치다 [무치다]

무치다

📖 **국어사전의 뜻**
나물 따위에 갖은양념을 넣고 골고루 한데 뒤섞다.

어떻게 쓰일까요?

조물조물 나물을 무치다.
콩나물을 무치다.
나물을 맛깔스레 무치다.

🔊 읽으면서 바르게 따라 써 보아요.

| 무 | 치 | 다 |

조물조물 나물을 무치다.

조물조물 나물을 무치다.

콩나물을 무치다.

콩나물을 무치다.

나물을 맛깔스레 무치다.

나물을 맛깔스레 무치다.

나물 따위에 갖은양념을 넣고 골고루 한데 뒤섞다.

나물 따위에 갖은양념을 넣고 골고루 한데 뒤섞다.

1. 틀리기 쉬운 맞춤법 　발음이 같거나 비슷한 낱말

❽ 붙이다 [부치다]

붙이다

📖 국어사전의 뜻
맞닿아 떨어지지 않게 하다.
불을 일으켜 타게 하다.

어떻게 쓰일까요?

옆 사람에게 농담을 붙이다.
편지 봉투에 우표를 붙이다.
양초에 불을 붙이다.

풀로 종이를 붙이다!

🔊 읽으면서 바르게 따라 써 보아요.

| 붙 | 이 | 다 |

| 붙 | 이 | 다 |

옆 사람에게 농담을 붙이다.

옆 사람에게 농담을 붙이다.

편지 봉투에 우표를 붙이다.

편지 봉투에 우표를 붙이다.

양초에 불을 붙이다.

양초에 불을 붙이다.

맞닿아 떨어지지 않게 하다.

맞닿아 떨어지지 않게 하다.

8-1 부치다 [부치다]

부치다

📖 **국어사전의 뜻**

물건 따위를 일정한 수단이나 방법을 써서 상대에게로 보내다. 프라이팬 따위에 기름을 바르고 빈대떡 등 음식을 익혀서 만들다.

어떻게 쓰일까요?

달걀을 부치다.
선물을 소포로 부치다.
편지를 부치다.

🔊 읽으면서 바르게 따라 써 보아요.

부	치	다
부	치	다

달걀을 부치다.
달걀을 부치다.

선물을 소포로 부치다.
선물을 소포로 부치다.

편지를 부치다.
편지를 부치다.

물건 따위를 일정한 수단이나 방법을 써서 상대에게로 보내다.
물건 따위를 일정한 수단이나 방법을 써서 상대에게로 보내다.

1. 틀리기 쉬운 맞춤법 — 발음이 같거나 비슷한 낱말

❾ 앉히다 [안치다]

앉히다
📖 **국어사전의 뜻**
다른 물건이나 바닥에 몸을 올려놓게 하다.

어떻게 쓰일까요?

아이를 안아서 의자에 앉히다.
장독대를 남쪽으로 앉히다.
아기를 내 무릎에 앉히고 갔었다.

🔊 읽으면서 바르게 따라 써 보아요.

앉 히 다

앉 히 다

아이를 안아서 의자에 앉히다.
아이를 안아서 의자에 앉히다.

장독대를 남쪽으로 앉히다.
장독대를 남쪽으로 앉히다.

아기를 내 무릎에 앉히고 갔었다.
아기를 내 무릎에 앉히고 갔었다.

다른 물건이나 바닥에 몸을 올려놓게 하다.
다른 물건이나 바닥에 몸을 올려놓게 하다.

9-1 안치다 [안치다]

안치다 | 📖 **국어사전의 뜻**
떡, 찌개 따위를 만들기 위하여 그 재료를 솥이나 냄비 따위에 넣고 불 위에 올리다.

어떻게 쓰일까요?

시루에 떡을 안치다.
쌀을 씻어 안치다.
그 절에는 황금 불상들이 안치되어 있었다.

🔊 읽으면서 바르게 따라 써 보아요.

| 안 | 치 | 다 |

시루에 떡을 안치다.
시루에 떡을 안치다.

쌀을 씻어 안치다.
쌀을 씻어 안치다.

그 절에는 황금 불상들이 안치되어 있었다.
그 절에는 황금 불상들이 안치되어 있었다.

떡, 찌개 따위를 만들기 위하여 그 재료를 솥이나 냄비 따위에 넣고 불 위에 올리다.
떡, 찌개 따위를 만들기 위하여 그 재료를 솥이나 냄비 따위에 넣고 불 위에 올리다.

1. 틀리기 쉬운 맞춤법 발음이 같거나 비슷한 낱말

❿ 조리다 [조리다]

조리다

📖 국어사전의 뜻
양념을 한 고기나 생선, 채소 따위를 국물에 넣고 바짝 끓여서 양념이 배어들게 하다.

어떻게 쓰일까요?

생선을 조리다.
어묵을 조리다.
간간히 조리다.

🔊 읽으면서 바르게 따라 써 보아요.

| 조 | 리 | 다 |

생선을 조리다.
생선을 조리다.

어묵을 조리다.
어묵을 조리다.

간간히 조리다.
간간히 조리다.

양념을 한 고기나 생선, 채소 따위를 국물에 넣고 바짝 끓여서 양념이 배어들게 하다.
양념을 한 고기나 생선, 채소 따위를 국물에 넣고 바짝 끓여서 양념이 배어들게 하다.

⑩-1 졸이다 [졸이다]

졸이다

📖 **국어사전의 뜻**
찌개, 국, 한약 따위의 물을 증발시켜 분량을 적어지게 하다. 속을 태우다시피 초조해하다.

어떻게 쓰일까요?

찌개를 졸이다.
마음을 졸이다.
가슴을 졸이다 못해 고함을 버럭 질렀다.

🔊 읽으면서 바르게 따라 써 보아요.

| 졸 | 이 | 다 |

찌개를 졸이다.
찌개를 졸이다.

마음을 졸이다.
마음을 졸이다.

가슴을 졸이다 못해 고함을 버럭 질렀다.
가슴을 졸이다 못해 고함을 버럭 질렀다.

속을 태우다시피 초조해하다.
속을 태우다시피 초조해하다.

1. 틀리기 쉬운 맞춤법 | 발음이 같거나 비슷한 낱말

⓫ 무난하다 [무난하다]

> **무난하다** | 📖 국어사전의 뜻
> 별로 어려움이 없다.

어떻게 쓰일까요?

노래가 듣기에 무난하다
이 게임을 하기에는 무난하다.
친구 정도 실력이면 입학이 무난하다.

🔊 읽으면서 바르게 따라 써 보아요.

| 무 | 난 | 하 | 다 |

노래가 듣기에 무난하다.
노래가 듣기에 무난하다.

이 게임을 하기에는 무난하다.
이 게임을 하기에는 무난하다.

친구 정도 실력이면 입학이 무난하다.
친구 정도 실력이면 입학이 무난하다.

별로 어려움이 없다.
별로 어려움이 없다.

⑪-1 문안하다 [문안하다]

문안하다 | 📖 **국어사전의 뜻**
웃어른께 안부를 여쭈다.

어떻게 쓰일까요?

아버지께 문안하다.
아침 문안을 여쭙다.
그동안 별고 없으신지 문안드리옵니다.

🔊 읽으면서 바르게 따라 써 보아요.

| 문 | 안 | 하 | 다 |

아버지께 문안하다.
아버지께 문안하다.

아침 문안을 여쭙다.
아침 문안을 여쭙다.

그동안 별고 없으신지 문안드리옵니다.
그동안 별고 없으신지 문안드리옵니다.

웃어른께 안부를 여쭈다.
웃어른께 안부를 여쭈다.

1. 틀리기 쉬운 맞춤법 — 발음이 같거나 비슷한 낱말

⑫ 느리다 [느리다]

느리다 | 📖 **국어사전의 뜻**
어떤 동작을 하는 데 걸리는 시간이 길다.

어떻게 쓰일까요?

행동이 느리다.
노래가 너무 느리다.
소화되는 속도가 느리다.

거북이는 너무 느리다!

🔊 읽으면서 바르게 따라 써 보아요.

| 느 | 리 | 다 |

행동이 느리다.
행동이 느리다.

노래가 너무 느리다.
노래가 너무 느리다.

소화되는 속도가 느리다.
소화되는 속도가 느리다.

어떤 동작을 하는 데 걸리는 시간이 길다.
어떤 동작을 하는 데 걸리는 시간이 길다.

⑫-1 늘이다 [느리다]

늘이다

📖 **국어사전의 뜻**
당겨서 본디보다 더 길어지게 하다.

어떻게 쓰일까요?

엿가락을 늘이다.
고무줄을 늘이다.
머리를 길게 땋아 늘이다.

🔊 읽으면서 바르게 따라 써 보아요.

| 늘 | 이 | 다 |

엿가락을 늘이다.
엿가락을 늘이다.

고무줄을 늘이다.
고무줄을 늘이다.

머리를 길게 땋아 늘이다.
머리를 길게 땋아 늘이다.

당겨서 본디보다 더 길어지게 하다.
당겨서 본디보다 더 길어지게 하다.

1. 틀리기 쉬운 맞춤법 발음이 같거나 비슷한 낱말

복습하기

A 알맞은 뜻을 찾아 선으로 연결해 보아요.

❶ 묻히다

❷ 무치다

❸ 부치다

❹ 붙이다

❺ 앉히다

❻ 안치다

㉠ 떡, 찌개 따위를 만들기 위하여 그 재료를 솥이나 냄비 따위에 넣고 불 위에 올리다.

㉡ 물건이 흙이나 다른 물건 속에 넣어져 보이지 않게 덮이다.

㉢ 나물 따위에 갖은양념을 넣고 골고루 한데 뒤섞다.

㉣ 맞닿아 떨어지지 않게 하다.

㉤ 다른 물건이나 바닥에 몸을 올려놓게 하다.

㉥ 물건 따위를 일정한 수단이나 방법을 써서 상대에게로 보내다.

B 알맞은 뜻을 찾아 선으로 연결해 보아요.

❶ 졸이다

❷ 조리다

❸ 무난하다

❹ 문안하다

❺ 느리다

❻ 늘이다

㉠ 어떤 동작을 하는 데 걸리는 시간이 길다.

㉡ 당겨서 본디보다 더 길어지게 하다.

㉢ 속을 태우다시피 초조해하다.

㉣ 양념을 한 고기나 생선, 채소 따위를 국물에 넣고 바짝 끓여서 양념이 배어들게 하다.

㉤ 별로 어려움이 없다.

㉥ 웃어른께 안부를 여쭈다.

C 괄호 안에 알맞은 낱말에 동그라미를 그려 보아요.

❶ 옷에 페인트를 (묻히다/무치다)

❷ 나물을 맛깔스레 (무치다/묻히다)

❸ 편지를 (붙이다/부치다)

❹ 양초에 불을 (부치다/붙이다)

❺ 아이를 안아서 의자에 (안치다/앉히다)

❻ 쌀을 씻어 (앉히다/안치다)

❼ 생선을 (졸이다/조리다)

❽ 마음을 (졸이다/조리다)

❾ 이 게임을 하기에는 (문안하다/무난하다)

❿ 아버지께 (문안하다/무난하다)

⓫ 노래가 너무 (늘이다/느리다)

⓬ 고무줄을 (늘이다/느리다)

D (보기)에서 하나의 낱말을 사용해 문장을 만들어 보아요.

| 보기 | 묻히다 무치다 부치다 붙이다 앉히다 안치다 |

| 보기 | 졸이다 조리다 무난하다 문안하다 느리다 늘이다 |

1. 틀리기 쉬운 맞춤법 — 틀리기 쉬운 낱말 I

❶ 옷거리 → 옷걸이

옷걸이

📖 **국어사전의 뜻**
옷을 걸어 두도록 만든 물건.

어떻게 쓰일까요?

옷걸이에 많은 옷이 걸려 있다.
옷을 벗어서 옷걸이에 걸어라.
나는 의자를 옷걸이 겸용으로 사용하고 있다.

🔊 읽으면서 바르게 따라 써 보아요.

| 옷 | 걸 | 이 |

옷걸이에 많은 옷이 걸려 있다.

옷을 벗어서 옷걸이에 걸어라.

나는 의자를 옷걸이 겸용으로 사용하고 있다.

옷을 걸어 두도록 만든 물건.

❷ 존대말 → 존댓말

존댓말 📖 국어사전의 뜻
사람이나 사물을 높여서 이르는 말.

어떻게 쓰일까요?

어른에게는 존댓말을 써야 한다.
내 친구는 꼭 존댓말을 썼다.
엄마와 저는 서로 꼬박꼬박 존댓말을 써요.

🔊 읽으면서 바르게 따라 써 보아요.

존	댓	말
존	댓	말

어른에게는 존댓말을 써야 한다.

어른에게는 존댓말을 써야 한다.

내 친구는 꼭 존댓말을 썼다.

내 친구는 꼭 존댓말을 썼다.

엄마와 저는 서로 꼬박꼬박 존댓말을 써요.

엄마와 저는 서로 꼬박꼬박 존댓말을 써요.

사람이나 사물을 높여서 이르는 말.

사람이나 사물을 높여서 이르는 말.

1. 틀리기 쉬운 맞춤법 틀리기 쉬운 낱말 I

❸ 귀거리 → 귀고리

귀고리
📖 **국어사전의 뜻**
귓불에 다는 장식품.

어떻게 쓰일까요?

귀고리를 끼다.
귀에 귀고리를 달다.
귀고리가 달랑달랑 흔들린다.

🔊 읽으면서 바르게 따라 써 보아요.

| 귀 | 고 | 리 |

귀고리를 끼다.
귀고리를 끼다.

귀에 귀고리를 달다.
귀에 귀고리를 달다.

귀고리가 달랑달랑 흔들린다.
귀고리가 달랑달랑 흔들린다.

귓불에 다는 장식품.
귓불에 다는 장식품.

❹ 점배기 → 점박이

점박이

📖 **국어사전의 뜻**
얼굴이나 몸에 큰 점이 있는 사람이나 짐승.

어떻게 쓰일까요?

점박이 강아지.
이웃집 개 점박이는 몸집이 작다.
점박이 갈매기들이 끼룩거리며 날아다닌다.

🔊 읽으면서 바르게 따라 써 보아요.

내 별명은 점박이

점박이

점박이 강아지.
점박이 강아지.

이웃집 개 점박이는 몸집이 작다.
이웃집 개 점박이는 몸집이 작다.

점박이 갈매기들이 끼룩거리며 날아다닌다.
점박이 갈매기들이 끼룩거리며 날아다닌다.

얼굴이나 몸에 큰 점이 있는 사람이나 짐승.
얼굴이나 몸에 큰 점이 있는 사람이나 짐승.

1. 틀리기 쉬운 맞춤법 — 틀리기 쉬운 낱말 I

❺ 금새 → 금세

금세

📖 **국어사전의 뜻**
지금 바로.

어떻게 쓰일까요?

약을 먹은 효과가 금세 나타났다.
난로 옆에 있어 몸이 금세 뜨거웠다.
비가 갑작스레 오더니 금세 날이 개었다.

뜻을 생각하며 바르게 써 보아요!

🔊 **읽으면서 바르게 따라 써 보아요.**

금	세
금	세

약을 먹은 효과가 금세 나타났다.
약을 먹은 효과가 금세 나타났다.

난로 옆에 있어 몸이 금세 뜨거웠다.
난로 옆에 있어 몸이 금세 뜨거웠다.

비가 갑작스레 오더니 금세 날이 개었다.
비가 갑작스레 오더니 금세 날이 개었다.

지금 바로.
지금 바로.

❻ 역활 → 역할

역할

📖 **국어사전의 뜻**
자기가 마땅히 하여야 할 맡은 바 직책이나 임무.

어떻게 쓰일까요?

각자 맡은 바 역할을 다하다.
맡은 역할을 거뜬히 해내다.
그들은 역할을 분담해 청소를 했다.

내 역할은 공부 지킴이.

🔊 읽으면서 바르게 따라 써 보아요.

역 할

각자 맡은 바 역할을 다하다.
각자 맡은 바 역할을 다하다.

맡은 역할을 거뜬히 해내다.
맡은 역할을 거뜬히 해내다.

그들은 역할을 분담해 청소를 했다.
그들은 역할을 분담해 청소를 했다.

자기가 마땅히 하여야 할 맡은 바 직책이나 임무.
자기가 마땅히 하여야 할 맡은 바 직책이나 임무.

1. 틀리기 쉬운 맞춤법 — 틀리기 쉬운 낱말 I

복습하기

A 알맞은 뜻을 찾아 선으로 연결해 보아요.

❶ 옷걸이　　　　　　　　　　㉠ 귓불에 다는 장식품

❷ 존댓말　　　　　　　　　　㉡ 옷을 걸어 두도록 만든 물건.

❸ 귀고리　　　　　　　　　　㉢ 자기가 마땅히 하여야 할 맡은 바 직책이나 임무.

❹ 점박이　　　　　　　　　　㉣ 사람이나 사물을 높여서 이르는 말.

❺ 금세　　　　　　　　　　　㉤ 지금 바로.

❻ 역할　　　　　　　　　　　㉥ 얼굴이나 몸에 큰 점이 있는 사람이나 짐승.

B 알맞은 낱말을 찾아 글자에 동그라미를 그려 보아요.

❶ 얼굴이나 몸에 큰 점이 있는 사람이나 짐승.
　오 휴 살 점 양 계 박 꾸 핑 게 이 품 실

❷ 지금 바로.
　유 휴 금 살 양 계 꾸 세 품 핑 게 대

❸ 사람이나 사물을 높여서 이르는 말.
　핑 존 품 댓 휴 꾸 시 로 페 폐 계 게 말

❹ 자기가 마땅히 하여야 할 맡은 바 직책이나 임무.
　역 폐 객 내 품 두 무 미 사 생 할 어

❺ 옷을 걸어 두도록 만든 물건.
　난 동 부 게 선 옷 자 걸 세 천 해 판 평 이

❻ 귓불에 다는 장식품
　갱 귀 성 적 소 고 식 아 마 리 늘 비 등

C 문장을 가지런히 쓰고 틀린 글자를 바르게 써 보아요.

❶ 나는 의자를 옷거리 겸용으로 사용하고 있다.

❷ 엄마와 저는 서로 꼬박꼬박 존대말을 써요

❸ 귀에 귀거리를 달다.

❹ 이웃집 개 점배기는 몸집이 작다.

❺ 비가 급작스레 오더니 금새 날이 개었다.

❻ 맡은 역활을 거뜬히 해내다.

1. 틀리기 쉬운 맞춤법 — 틀리기 쉬운 낱말 Ⅱ

❶ 두껍다 → 두텁다

> **두텁다** | 📖 국어사전의 뜻
> 신의, 믿음, 관계, 인정 따위가 굳고 깊다.

어떻게 쓰일까요?

친분이 두텁다.
정이 두텁다.
그 친구는 선생님의 신임이 두텁다.

🔊 읽으면서 바르게 따라 써 보아요.

| 두 | 텁 | 다 |

친분이 두텁다.
친분이 두텁다.

정이 두텁다.
정이 두텁다.

그 친구는 선생님의 신임이 두텁다.
그 친구는 선생님의 신임이 두텁다.

신의, 믿음, 관계, 인정 따위가 굳고 깊다.
신의, 믿음, 관계, 인정 따위가 굳고 깊다.

❶-1 두텁다 → 두껍다

두껍다
📖 **국어사전의 뜻**
두께가 보통의 정도보다 크다.

어떻게 쓰일까요?
고객층이 두껍다.
눈꺼풀이 두껍다.
널빤지가 두껍다.

🔊 읽으면서 바르게 따라 써 보아요.

| 두 | 껍 | 다 |

고객층이 두껍다.
고객층이 두껍다.

눈꺼풀이 두껍다.
눈꺼풀이 두껍다.

널빤지가 두껍다.
널빤지가 두껍다.

두께가 보통의 정도보다 크다.
두께가 보통의 정도보다 크다.

1. 틀리기 쉬운 맞춤법 — 틀리기 쉬운 낱말 Ⅱ

❷ 맞히다 → 마치다

마치다 | 📖 국어사전의 뜻
어떤 일이나 과정, 절차 따위가 끝나다.
또는 그렇게 하다.

어떻게 쓰일까요?
초등학교도 못 마치다.
대청소를 마치다.
가족회의를 마치다.

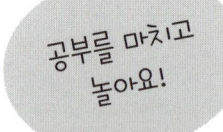
공부를 마치고 놀아요!

🔊 읽으면서 바르게 따라 써 보아요.

| 마 | 치 | 다 |

초등학교도 못 마치다.
초등학교도 못 마치다.

대청소를 마치다.
대청소를 마치다.

가족회의를 마치다.
가족회의를 마치다.

어떤 일이나 과정, 절차 따위가 끝나다. 또는 그렇게 하다.
어떤 일이나 과정, 절차 따위가 끝나다. 또는 그렇게 하다.

2-1 마치다 → 맞히다

맞히다

📖 **국어사전의 뜻**
물체를 쏘거나 던져서 어떤 물체에 닿게 하다.
문제에 대한 답을 틀리지 않게 하다.

어떻게 쓰일까요?

아이의 엉덩이에 주사를 맞히다.
과녁판의 가운데에 맞히다.
문제의 정답을 맞히다.

🔊 읽으면서 바르게 따라 써 보아요.

| 맞 | 히 | 다 |

아이의 엉덩이에 주사를 맞히다.
아이의 엉덩이에 주사를 맞히다.

과녁판의 가운데에 맞히다.
과녁판의 가운데에 맞히다.

문제의 정답을 맞히다.
문제의 정답을 맞히다.

물체를 쏘거나 던져서 어떤 물체에 닿게 하다.
물체를 쏘거나 던져서 어떤 물체에 닿게 하다.

1. 틀리기 쉬운 맞춤법 — 틀리기 쉬운 낱말 Ⅱ

❸ 반듯이 → 반드시

반드시
📖 국어사전의 뜻
틀림없이 꼭.

어떻게 쓰일까요?

반드시 시간에 맞추어 오세요.
법은 반드시 지켜야 합니다.
내일은 반드시 그들이 도착합니다.

🔊 읽으면서 바르게 따라 써 보아요.

| 반 | 드 | 시 |

반드시 시간에 맞추어 오세요.
반드시 시간에 맞추어 오세요.

법은 반드시 지켜야 합니다.
법은 반드시 지켜야 합니다.

내일은 반드시 그들이 도착합니다.
내일은 반드시 그들이 도착합니다.

틀림없이 꼭.
틀림없이 꼭.

❸-1 반드시 → 반듯이

반듯이 | 📖 **국어사전의 뜻**
물체, 또는 생각이나 행동 따위가 비뚤어지거나 기울거나 굽지 아니하고 바르게.

어떻게 쓰일까요?

아픈 친구를 반듯이 눕혔다.
그는 반듯이 걷지 못한다.
의자에 반듯이 펴고 앉아야 한다.

반듯이 앉아 글씨를 쓰자!

🔊 읽으면서 바르게 따라 써 보아요.

| 반 | 듯 | 이 |

아픈 친구를 반듯이 눕혔다.
아픈 친구를 반듯이 눕혔다.

그는 반듯이 걷지 못한다.
그는 반듯이 걷지 못한다.

의자에 반듯이 펴고 앉아야 한다.
의자에 반듯이 펴고 앉아야 한다.

물체, 또는 생각이나 행동 따위가 비뚤어지거나 기울거나 굽지 아니하고 바르게.
물체, 또는 생각이나 행동 따위가 비뚤어지거나 기울거나 굽지 아니하고 바르게.

1. 틀리기 쉬운 맞춤법 — 틀리기 쉬운 낱말 Ⅱ

4 다리다 → 달이다

달이다
📖 **국어사전의 뜻**
액체 따위를 끓여서 진하게 만들다.

어떻게 쓰일까요?

보약을 달이다.
간장을 달이다.
감초를 넣어 달이다.

🔊 읽으면서 바르게 따라 써 보아요.

달	이	다
달	이	다

보약을 달이다.
보약을 달이다.

간장을 달이다.
간장을 달이다.

감초를 넣어 달이다.
감초를 넣어 달이다.

액체 따위를 끓여서 진하게 만들다.
액체 따위를 끓여서 진하게 만들다.

❹-1 달이다 → 다리다

다리다

📖 **국어사전의 뜻**
다리미나 인두로 문질러 구김살을 펴다.

어떻게 쓰일까요?
다리미로 옷을 다리다.
바지에 줄을 세워 다리다.
인두로 옷을 다리다.

🔊 읽으면서 바르게 따라 써 보아요.

다	리	다
다	리	다

다리미로 옷을 다리다.
다리미로 옷을 다리다.

바지에 줄을 세워 다리다.
바지에 줄을 세워 다리다.

인두로 옷을 다리다.
인두로 옷을 다리다.

다리미나 인두로 문질러 구김살을 펴다.
다리미나 인두로 문질러 구김살을 펴다.

1. 틀리기 쉬운 맞춤법 — 틀리기 쉬운 낱말 Ⅱ

❺ 들이다 → 드리다

드리다

📖 **국어사전의 뜻**
윗사람에게 그 사람을 높여 말이나, 인사, 부탁, 약속, 축하 따위를 하다. '주다'의 높임말.

어떻게 쓰일까요?

할머니께 편지를 읽어 드리다.
어른을 찾아뵙고 인사를 드리다.
부모님께 선물을 드리다.

🔊 읽으면서 바르게 따라 써 보아요.

| 드 | 리 | 다 |

할머니께 편지를 읽어 드리다.

할머니께 편지를 읽어 드리다.

어른을 찾아뵙고 인사를 드리다.

어른을 찾아뵙고 인사를 드리다.

부모님께 선물을 드리다.

부모님께 선물을 드리다.

윗사람에게 그 사람을 높여 말이나, 인사, 부탁, 약속, 축하 따위를 하다.

윗사람에게 그 사람을 높여 말이나, 인사, 부탁, 약속, 축하 따위를 하다.

⑤-1 드리다 → 들이다

들이다

📖 **국어사전의 뜻**
밖에서 속이나 안으로 향해 가게 하거나 오게 하다.
몸에 배게 하다.

어떻게 쓰일까요?

손톱에 봉숭아 물을 들이다.
김치를 익혀 맛을 들이다.
친구의 게임기에 눈독을 들이다.

🔊 읽으면서 바르게 따라 써 보아요.

| 들 | 이 | 다 |

손톱에 봉숭아 물을 들이다.

김치를 익혀 맛을 들이다.

친구의 게임기에 눈독을 들이다.

밖에서 속이나 안으로 향해 가게 하거나 오게 하다.

1. 틀리기 쉬운 맞춤법 — 틀리기 쉬운 낱말 Ⅱ

❻ 가르치다 → 가리키다

가리키다

📖 **국어사전의 뜻**
손가락 따위로 어떤 방향이나 대상을 집어서 보이거나 말하거나 알리다.

어떻게 쓰일까요?

시계가 다섯 시를 가리키다.
손가락으로 가리키다.
나침반이 북쪽을 가리키다.

🔊 읽으면서 바르게 따라 써 보아요.

| 가 | 리 | 키 | 다 |

시계가 다섯 시를 가리키다.
시계가 다섯 시를 가리키다.

손가락으로 가리키다.
손가락으로 가리키다.

나침반이 북쪽을 가리키다.
나침반이 북쪽을 가리키다.

손가락 따위로 어떤 방향이나 대상을 집어서 보이거나 말하거나 알리다.
손가락 따위로 어떤 방향이나 대상을 집어서 보이거나 말하거나 알리다.

⑥-1 가리키다 → 가르치다

가르치다

📖 **국어사전의 뜻**
지식이나 기능, 이치 따위를 깨닫게 하거나 익히게 하다.

어떻게 쓰일까요?
선생님이 국어를 가르치다.
아이에게 말을 가르치다.
잘못 가르치다.

동생에게 한글을 가르치다.

🔊 읽으면서 바르게 따라 써 보아요.

| 가 | 르 | 치 | 다 |

선생님이 국어를 가르치다.
선생님이 국어를 가르치다.

아이에게 말을 가르치다.
아이에게 말을 가르치다.

잘못 가르치다.
잘못 가르치다.

지식이나 기능, 이치 따위를 깨닫게 하거나 익히게 하다.
지식이나 기능, 이치 따위를 깨닫게 하거나 익히게 하다.

1. 틀리기 쉬운 맞춤법 틀리기 쉬운 낱말 Ⅱ

복습하기

A 알맞은 뜻을 찾아 선으로 연결해 보아요.

❶ 두텁다   ㉠ 두께가 보통의 정도보다 크다.

❷ 두껍다   ㉡ 물체를 쏘거나 던져서 어떤 물체에 닿게 하다.

❸ 마치다   ㉢ 틀림없이 꼭.

❹ 맞히다   ㉣ 어떤 일이나 과정, 절차 따위가 끝나다. 또는 그렇게 하다.

❺ 반드시   ㉤ 물체, 또는 생각이나 행동 따위가 비뚤어지거나 기울거나 굽지 아니하고 바르게.

❻ 반듯이   ㉥ 신의, 믿음, 관계, 인정 따위가 굳고 깊다.

B 알맞은 뜻을 찾아 선으로 연결해 보아요.

❶ 다리다   ㉠ 액체 따위를 끓여서 진하게 만들다.

❷ 드리다   ㉡ 밖에서 속이나 안으로 향해 가게 하거나 오게 하다.

❸ 달이다   ㉢ 다리미나 인두로 문질러 구김살을 펴다.

❹ 들이다   ㉣ 사람에게 그 사람을 높여 말이나, 인사, 부탁, 약속, 축하 따위를 하다.

❺ 가르치다   ㉤ 지식이나 기능, 이치 따위를 깨닫게 하거나 익히게 하다.

❻ 가리키다   ㉥ 손가락 따위로 어떤 방향이나 대상을 집어서 보이거나 말하거나 알리다.

C 괄호 안에 알맞은 낱말에 동그라미를 그려 보아요.

❶ 그 친구는 선생님의 신임이 (두텁다 / 두껍다)

❷ 고객층이 (두껍다 / 두텁다)

❸ 대청소를 (맞히다 / 마치다)

❹ 문제의 정답을 (맞히다 / 마치다)

❺ 법은 (반듯이 / 반드시) 지켜야 합니다

❻ 그는 (반듯이 / 반드시) 걷지 못한다

❼ 보약을 (달이다 / 다리다)

❽ 다리미로 옷을 (달이다 / 다리다)

❾ 부모님께 선물을 (드리다 / 들이다)

❿ 김치를 익혀 맛을 (들이다 / 드리다)

⓫ 손가락으로 (가르치다 / 가리키다)

⓬ 아이에게 말을 (가르치다 / 가리키다)

D (보기)에서 하나의 낱말을 사용해 문장을 만들어 보아요.

| 보기 | 두텁다 두껍다 마치다 맞히다 반드시 반듯이 |

| 보기 | 달이다 다리다 드리다 들이다 가리키다 가르치다 |

1. 틀리기 쉬운 맞춤법 잘못 쓰기 쉬운 낱말

❶ 가랭이 → 가랑이

가랑이
📖 **국어사전의 뜻**
하나의 몸에서 끝이 갈라져 두 갈래로 벌어진 부분.

어떻게 쓰일까요?

가랑이가 넓은 바지를 입었다.
쌓인 눈이 가랑이까지 찼다.
골키퍼의 가랑이 사이로 축구공을 찼다.

🔊 읽으면서 바르게 따라 써 보아요.

| 가 | 랑 | 이 |
| 가 | 랑 | 이 |

가랑이가 넓은 바지를 입었다.
가랑이가 넓은 바지를 입었다.

쌓인 눈이 가랑이까지 찼다.
쌓인 눈이 가랑이까지 찼다.

골키퍼의 가랑이 사이로 축구공을 찼다.
골키퍼의 가랑이 사이로 축구공을 찼다.

하나의 몸에서 끝이 갈라져 두 갈래로 벌어진 부분.
하나의 몸에서 끝이 갈라져 두 갈래로 벌어진 부분.

❷ 가만이 → 가만히

가만히

📖 **국어사전의 뜻**
움직이지 않거나 아무 말 없이.

어떻게 쓰일까요?

가만히 앉아서 구경만 한다.
아빠의 말을 가만히 듣고 있었다.
친구는 벽에 등을 기대고 가만히 앉았다.

🔊 읽으면서 바르게 따라 써 보아요.

가	만	히
가	만	히

가만히 앉아서 구경만 한다.
가만히 앉아서 구경만 한다.

아빠의 말을 가만히 듣고 있었다.
아빠의 말을 가만히 듣고 있었다.

친구는 벽에 등을 기대고 가만히 앉았다.
친구는 벽에 등을 기대고 가만히 앉았다.

움직이지 않거나 아무 말 없이.
움직이지 않거나 아무 말 없이.

1. 틀리기 쉬운 맞춤법

❸ 강남콩 → 강낭콩

강낭콩

📖 **국어사전의 뜻**
콩과에 속한 한해살이풀.

어떻게 쓰일까요?

밥에 들어간 강낭콩은 맛있다.
굵직굵직한 강낭콩이 많았다.
강낭콩의 덩굴이 처마까지 뻗어 올라갔다.

🔊 읽으면서 바르게 따라 써 보아요.

| 강 | 낭 | 콩 |

밥에 들어간 강낭콩은 맛있다.

굵직굵직한 강낭콩이 많았다.

강낭콩의 덩굴이 처마까지 뻗어 올라갔다.

콩과에 속한 한해살이풀.

❹ 남비 → 냄비

냄비

📖 **국어사전의 뜻**
음식을 끓이거나 삶는 데 쓰는 용구의 하나.

어떻게 쓰일까요?

냄비에서 물이 끓고 있다.
냄비 뚜껑이 달강 떨어졌다.
뜨거운 냄비를 식탁 위에 놓았다.

냄비에 강낭콩을 넣었다.

🔊 읽으면서 바르게 따라 써 보아요.

냄	비

냄비에서 물이 끓고 있다.
냄비에서 물이 끓고 있다.

냄	비

냄비 뚜껑이 달강 떨어졌다.
냄비 뚜껑이 달강 떨어졌다.

뜨거운 냄비를 식탁 위에 놓았다.
뜨거운 냄비를 식탁 위에 놓았다.

음식을 끓이거나 삶는 데 쓰는 용구의 하나.
음식을 끓이거나 삶는 데 쓰는 용구의 하나.

1. 틀리기 쉬운 맞춤법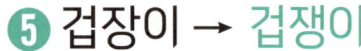

❺ 겁장이 → 겁쟁이

겁쟁이

📖 **국어사전의 뜻**
겁이 많은 사람을 낮잡아 이르는 말.

어떻게 쓰일까요?

우리는 그를 겁쟁이로 불렀다.
겁쟁이처럼 도망가지 않았다.
나를 겁쟁이라고 놀린 친구와 싸웠다.

🔊 읽으면서 바르게 따라 써 보아요.

| 겁 | 쟁 | 이 |

우리는 그를 겁쟁이로 불렀다.
우리는 그를 겁쟁이로 불렀다.

겁쟁이처럼 도망가지 않았다.
겁쟁이처럼 도망가지 않았다.

나를 겁쟁이라고 놀린 친구와 싸웠다.
나를 겁쟁이라고 놀린 친구와 싸웠다.

겁이 많은 사람을 낮잡아 이르는 말.
겁이 많은 사람을 낮잡아 이르는 말.

❻ 두루말이 → 두루마리

두루마리

📖 **국어사전의 뜻**
가로로 길게 이어 돌돌 둥글게 만 종이.

어떻게 쓰일까요?

두루마리 화장지가 많다.
나는 두루마리 휴지를 풀었다.
그는 두루마리를 펼친 후 죽 읽어 내려갔다.

두루마리 휴지의 길이가 길다.

🔊 읽으면서 바르게 따라 써 보아요.

| 두 | 루 | 마 | 리 |

두루마리 화장지가 많다.
두루마리 화장지가 많다.

나는 두루마리 휴지를 풀었다.
나는 두루마리 휴지를 풀었다.

그는 두루마리를 펼친 후 죽 읽어 내려갔다.
그는 두루마리를 펼친 후 죽 읽어 내려갔다.

가로로 길게 이어 돌돌 둥글게 만 종이.
가로로 길게 이어 돌돌 둥글게 만 종이.

1. 틀리기 쉬운 맞춤법 〈잘못 쓰기 쉬운 낱말〉

❼ 곱배기 → 곱빼기

곱빼기
📖 **국어사전의 뜻**
음식에서, 두 그릇의 몫을 한 그릇에 담은 분량.

어떻게 쓰일까요?

자장면을 곱빼기로 시켜 먹었다.
엄마한테 곱빼기로 욕을 먹었다.
친구는 음식을 모두 곱빼기로 시켰다.

🔊 읽으면서 바르게 따라 써 보아요.

곱	빼	기
곱	빼	기

자장면을 곱빼기로 시켜 먹었다.
자장면을 곱빼기로 시켜 먹었다.

엄마한테 곱빼기로 욕을 먹었다.
엄마한테 곱빼기로 욕을 먹었다.

친구는 음식을 모두 곱빼기로 시켰다.
친구는 음식을 모두 곱빼기로 시켰다.

음식에서, 두 그릇의 몫을 한 그릇에 담은 분량.
음식에서, 두 그릇의 몫을 한 그릇에 담은 분량.

❽ 오뚜기 → 오뚝이

오뚝이

📖 **국어사전의 뜻**
밑을 무겁게 하여 아무렇게나 굴려도 다시 일어서는 어린아이들의 장난감.

어떻게 쓰일까요?

오뚝이는 쓰러지지 않는다.
언제나 오뚝이처럼 일어난다.
오뚝이는 어느 쪽으로 굴려도 오뚝오뚝 일어섰다.

넘어져도 오뚝이처럼 일어나야지!

🔊 읽으면서 바르게 따라 써 보아요.

오	뚝	이
오	뚝	이

오뚝이는 쓰러지지 않는다.
오뚝이는 쓰러지지 않는다.

언제나 오뚝이처럼 일어난다.
언제나 오뚝이처럼 일어난다.

오뚝이는 어느 쪽으로 굴려도 오뚝오뚝 일어섰다.
오뚝이는 어느 쪽으로 굴려도 오뚝오뚝 일어섰다.

밑을 무겁게 하여 아무렇게나 굴려도 다시 일어서는 어린아이들의 장난감.
밑을 무겁게 하여 아무렇게나 굴려도 다시 일어서는 어린아이들의 장난감.

1. 틀리기 쉬운 맞춤법 　잘못 쓰기 쉬운 낱말

❾ 오랫만 → 오랜만

오랜만

📖 **국어사전의 뜻**
어떤 일이 있고 나서 다시 그 일이 일어나기까지의 시간이 오래 지난 뒤.

어떻게 쓰일까요?

오랜만에 만난 친구와 얘기했다.
오랜만에 산에 오르니 힘들었다.
그는 오랜만에 가수 활동을 다시 시작하였다.

🔊 읽으면서 바르게 따라 써 보아요.

| 오 | 랜 | 만 |

오랜만에 만난 친구와 얘기했다.

오랜만에 산에 오르니 힘들었다.

그는 오랜만에 가수 활동을 다시 시작하였다.

어떤 일이 있고 나서 다시 그 일이 일어나기까지의 시간이 오래 지난 뒤.

❿ 웬지 → 왠지

왠지

📖 **국어사전의 뜻**
왜 그런지 모르게. 또는 뚜렷한 이유도 없이.

어떻게 쓰일까요?

그 친구는 왠지 정이 안 간다.
사람들은 왠지 모르게 겁을 먹었다.
왠지 내가 일등을 할 것 같은 기분이 들었다.

왠지 오늘은 공부하고 싶다.

🔊 읽으면서 바르게 따라 써 보아요.

| 왠 | 지 |

그 친구는 왠지 정이 안 간다.
그 친구는 왠지 정이 안 간다.

| 왠 | 지 |

사람들은 왠지 모르게 겁을 먹었다.
사람들은 왠지 모르게 겁을 먹었다.

왠지 내가 일등을 할 것 같은 기분이 들었다.
왠지 내가 일등을 할 것 같은 기분이 들었다.

왜 그런지 모르게. 또는 뚜렷한 이유도 없이.
왜 그런지 모르게. 또는 뚜렷한 이유도 없이.

⑪ 잎파리 → 이파리

이파리

국어사전의 뜻

나무나 풀의 살아 있는 낱 잎.

어떻게 쓰일까요?

옥수수 이파리를 벗겼다.
넝쿨에 이파리만 남았다.
이파리가 가늘게 흔들렸다.

읽으면서 바르게 따라 써 보아요.

이	파	리
이	파	리

옥수수 이파리를 벗겼다.

옥수수 이파리를 벗겼다.

넝쿨에 이파리만 남았다.

넝쿨에 이파리만 남았다.

이파리가 가늘게 흔들렸다.

이파리가 가늘게 흔들렸다.

나무나 풀의 살아 있는 낱 잎.

나무나 풀의 살아 있는 낱 잎.

⑫ 찌게 → 찌개

찌개 | 📖 **국어사전의 뜻**
고기, 두부 등을 넣고 된장, 고추장 등으로 양념을 하여 국물을 바특하게 끓인 반찬.

어떻게 쓰일까요?

찌개 맛 좀 봐 주세요.
저녁 반찬으로 찌개를 끓이다.
양파를 송송 썰어서 찌개에 넣었다.

오늘 저녁은 김치찌개를 먹어야지.

🔊 **읽으면서 바르게 따라 써 보아요.**

| 찌 | 개 |

찌개 맛 좀 봐 주세요.
찌개 맛 좀 봐 주세요.

저녁 반찬으로 찌개를 끓이다.
저녁 반찬으로 찌개를 끓이다.

양파를 송송 썰어서 찌개에 넣었다.
양파를 송송 썰어서 찌개에 넣었다.

된장, 고추장 등으로 양념을 하여 국물을 바특하게 끓인 반찬.
된장, 고추장 등으로 양념을 하여 국물을 바특하게 끓인 반찬.

1. 틀리기 쉬운 맞춤법 — 잘못 쓰기 쉬운 낱말

복습하기

A 괄호 안에 알맞은 낱말에 동그라미를 그려 보아요.

❶ 골키퍼의 (가랭이/가랑이) 사이로 축구공을 찼다.

❷ 친구는 벽에 등을 기대고 (가만히/가만이) 앉았다.

❸ 밥에 들어간 (강낭콩/강남콩)은 맛있다.

❹ 뜨거운 (남비/냄비)를 식탁 위에 놓았다.

❺ 우리는 그를 (겁장이/겁쟁이)로 불렀다.

❻ (두루말이/두루마리) 화장지가 많다.

❼ 친구는 음식을 모두 (곱빼기/곱배기)로 시켰다.

❽ 어떤 시련이 있더라도 언제나 (오뚜기/오뚝이)처럼 다시 일어난다.

❾ (오랜만/오랫만)에 만난 친구와 반갑게 악수했다.

❿ 사람들은 (왠지/웬지) 모르게 겁을 먹었다.

⓫ 옥수수 (잎파리/이파리)를 벗겼다.

⓬ 저녁 반찬으로 (찌게/찌개)를 끓이다.

B (보기)에서 하나의 낱말을 사용해 문장을 만들어 보아요.

| 보기 | 가랑이 가만히 강낭콩 냄비 겁쟁이 두루마리 |

_____
_____
_____

C 알맞은 낱말을 찾아 글자에 동그라미를 그려 보아요.

❶ 움직이지 않거나 아무 말 없이.

오 휴 가 점 양 계 만 꾸 핑 게 이 품 히

❷ 겁이 많은 사람을 낮잡아 이르는 말.

겁 휴 장 살 쟁 계 꾸 히 품 이 게 대

❸ 음식에서, 두 그릇의 몫을 한 그릇에 담은 분량.

곡 존 곱 고 휴 빼 시 배 페 깃 기 게 말

❹ 어떤 일이 있고 나서 다시 그 일이 일어나기까지의 시간이 오래 지난 뒤.

오 요 유 랫 품 랜 무 미 마 생 할 만

❺ 나무나 풀의 살아 있는 낱 잎.

난 동 부 이 잎 옷 빠 파 세 리 해 판 평 이

❻ 고기, 두부 등을 넣고 된장, 고추장 등으로 양념을 하여 국물을 바특하게 끓인 반찬

갱 지 성 찌 소 갯 식 게 마 개 늘 비 등

D 〈보기〉에서 하나의 낱말을 사용해 문장을 만들어 보아요.

| 보기 | 곱빼기 오뚝이 오랜만 왠지 이파리 찌개 |

2. 필수 어휘 따라 쓰기 — 초등학교 교과서에 나오는 주요 낱말 ㄱ~ㄷ

❶ ㄱ [기역]

고려하다 | 📖 국어사전의 뜻
생각하고 헤아려 보다.

어떻게 쓰일까요?

특별한 사정을 고려하다.
손님의 취향을 고려해야 한다.
상대편의 사정을 고려하여 계획을 세웠다.

🔊 읽으면서 바르게 따라 써 보아요.

| 고 | 려 | 하 | 다 |

특별한 사정을 고려하다.

손님의 취향을 고려해야 한다.

상대편의 사정을 고려하여 계획을 세웠다.

생각하고 헤아려 보다.

곤경

📖 **국어사전의 뜻**
어려운 형편이나 처지.

어떻게 쓰일까요?
곤경에 빠진 친구를 도와주었다.
상대편을 곤경에 몰아넣다.
그는 적을 곤경에 처하게 만드는 지략가이다.

곤경에 처하다.

🔊 읽으면서 바르게 따라 써 보아요.

| 곤 | 경 |

곤경에 빠진 친구를 도와주었다.

상대편을 곤경에 몰아넣다.

그는 적을 곤경에 처하게 만드는 지략가이다.

어려운 형편이나 처지.

2. 필수 어휘 따라 쓰기   초등학교 교과서에 나오는 주요 낱말 ㄱ~ㄷ

과대평가

📖 **국어사전의 뜻**
실제보다 지나치게 높이 평가함.

어떻게 쓰일까요?

그는 과대평가를 받고 있다.
자신의 실력을 과대평가하다.
능력을 과대평가하여 무리한 것을 요구했다.

🔊 읽으면서 바르게 따라 써 보아요.

| 과 | 대 | 평 | 가 |
| 과 | 대 | 평 | 가 |

그는 과대평가를 받고 있다.
그는 과대평가를 받고 있다.

자신의 실력을 과대평가하다.
자신의 실력을 과대평가하다.

능력을 과대평가하여 무리한 것을 요구했다.
능력을 과대평가하여 무리한 것을 요구했다.

실제보다 지나치게 높이 평가함.
실제보다 지나치게 높이 평가함.

구수하다

📖 **국어사전의 뜻**

입맛이 당기도록 좋다. 말이나 이야기 따위가 마음을 잡아끄는 은근한 맛이 있다.

어떻게 쓰일까요?

된장찌개 맛이 구수하다.
구수한 옛날이야기.
마을 사람들의 인심이 구수하다.

숭늉이 구수하다.

🔊 읽으면서 바르게 따라 써 보아요.

구	수	하	다
구	수	하	다

된장찌개 맛이 구수하다.

된장찌개 맛이 구수하다.

구수한 옛날이야기.

구수한 옛날이야기.

마을 사람들의 인심이 구수하다.

마을 사람들의 인심이 구수하다.

말이나 이야기 따위가 마음을 잡아끄는 은근한 맛이 있다.

말이나 이야기 따위가 마음을 잡아끄는 은근한 맛이 있다.

2. 필수 어휘 따라 쓰기 초등학교 교과서에 나오는 주요 낱말 ㄱ~ㄷ

❷ ㄴ [니은]

낙심

📖 **국어사전의 뜻**
바라던 일이 이루어지지 아니하여 마음이 상함.

어떻게 쓰일까요?

상 못 받았다고 너무 낙심하지 마라.
내 성적표를 본 엄마는 낙심했다.
공부를 열심히 했는데 성적이 낮아서 낙심이 크다.

🔊 읽으면서 바르게 따라 써 보아요.

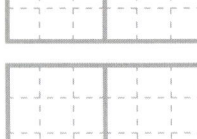

상 못 받았다고 너무 낙심하지 마라.

상 못 받았다고 너무 낙심하지 마라.

내 성적표를 본 엄마는 낙심했다.

내 성적표를 본 엄마는 낙심했다.

공부를 열심히 했는데 성적이 낮아서 낙심이 크다.

공부를 열심히 했는데 성적이 낮아서 낙심이 크다.

바라던 일이 이루어지지 아니하여 마음이 상함.

바라던 일이 이루어지지 아니하여 마음이 상함.

난처하다

📖 **국어사전의 뜻**
이럴 수도 없고 저럴 수도 없어 처신하기 곤란하다.

어떻게 쓰일까요?

입장이 난처하게 되었다.
친구의 고집에 난처했다.
누구의 말을 따라야 할지 난처했다.

🔊 읽으면서 바르게 따라 써 보아요.

난	처	하	다
난	처	하	다

입장이 난처하게 되었다.
입장이 난처하게 되었다.

친구의 고집에 난처했다.
친구의 고집에 난처했다.

누구의 말을 따라야 할지 난처했다.
누구의 말을 따라야 할지 난처했다.

이럴 수도 없고 저럴 수도 없어 처신하기 곤란하다.
이럴 수도 없고 저럴 수도 없어 처신하기 곤란하다.

2. 필수 어휘 따라 쓰기   초등학교 교과서에 나오는 주요 낱말 ㄱ~ㄷ

낭비

📖 **국어사전의 뜻**
시간이나 재물 따위를 헛되이 헤프게 씀.

어떻게 쓰일까요?

교통 체증으로 몇 시간을 낭비했다.
돈 낭비가 심하다.
못사는 형편에 낭비해서는 안 된다.

🔊 **읽으면서 바르게 따라 써 보아요.**

낭	비
낭	비

교통 체증으로 몇 시간을 낭비했다.
교통 체증으로 몇 시간을 낭비했다.

돈 낭비가 심하다.
돈 낭비가 심하다.

못사는 형편에 낭비해서는 안 된다.
못사는 형편에 낭비해서는 안 된다.

시간이나 재물 따위를 헛되이 헤프게 씀.
시간이나 재물 따위를 헛되이 헤프게 씀.

낯설다

📖 **국어사전의 뜻**
전에 본 기억이 없어 익숙하지 아니하다.

어떻게 쓰일까요?

낯선 차가 집 앞에 서 있다.
어두운 밤거리는 낯설다.
아기는 낯선 사람을 보자마자 울기 시작했다.

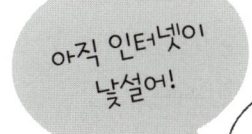

🔊 **읽으면서 바르게 따라 써 보아요.**

| 낯 | 설 | 다 |
| 낯 | 설 | 다 |

낯선 차가 집 앞에 서 있다.
낯선 차가 집 앞에 서 있다.

어두운 밤거리는 낯설다.
어두운 밤거리는 낯설다.

아기는 낯선 사람을 보자마자 울기 시작했다.
아기는 낯선 사람을 보자마자 울기 시작했다.

전에 본 기억이 없어 익숙하지 아니하다.
전에 본 기억이 없어 익숙하지 아니하다.

2. 필수 어휘 따라 쓰기 | 초등학교 교과서에 나오는 주요 낱말 ㄱ~ㄷ

❸ ㄷ [디귿]

다스리다

📖 **국어사전의 뜻**
국가나 사회, 단체, 집안의 일을 보살펴 관리하고 통제하다.

어떻게 쓰일까요?

국법으로 엄히 다스리다.
백성을 다스리다.
나라를 다스리다.

🔊 읽으면서 바르게 따라 써 보아요.

다	스	리	다
다	스	리	다

국법으로 엄히 다스리다.
국법으로 엄히 다스리다.

백성을 다스리다.
백성을 다스리다.

나라를 다스리다.
나라를 다스리다.

국가나 사회, 단체, 집안의 일을 보살펴 관리하고 통제하다.
국가나 사회, 단체, 집안의 일을 보살펴 관리하고 통제하다.

달갑다

📖 **국어사전의 뜻**
거리낌이나 불만이 없어 마음이 흡족하다.

어떻게 쓰일까요?

달가운 일이 아니다.
왠지 그 일을 하기가 달갑지 않다.
친구의 장난스러운 행동이 그다지 달갑지 않았다.

🔊 **읽으면서 바르게 따라 써 보아요.**

달	갑	다
달	갑	다

달가운 일이 아니다.

왠지 그 일을 하기가 달갑지 않다.

친구의 장난스러운 행동이 그다지 달갑지 않았다.

거리낌이나 불만이 없어 마음이 흡족하다.

2. 필수 어휘 따라 쓰기 초등학교 교과서에 나오는 주요 낱말 ㄱ~ㄷ

대체로

📖 **국어사전의 뜻**
전체로 보아서. 또는 일반적으로.

어떻게 쓰일까요?
시험 문제는 대체로 쉬웠다.
초식 동물은 대체로 온순하다.
그 친구의 수업 태도는 대체로 훌륭한 편이다.

전국이 대체로 맑다.

🔊 읽으면서 바르게 따라 써 보아요.

| 대 | 체 | 로 |

시험 문제는 대체로 쉬웠다.
시험 문제는 대체로 쉬웠다.

초식 동물은 대체로 온순하다.
초식 동물은 대체로 온순하다.

그 친구의 수업 태도는 대체로 훌륭한 편이다.
그 친구의 수업 태도는 대체로 훌륭한 편이다.

전체로 보아서. 또는 일반적으로.
전체로 보아서. 또는 일반적으로.

들통나다

📖 **국어사전의 뜻**
비밀이나 잘못된 일 따위가 드러나다.

어떻게 쓰일까요?

사실이 들통나다.
결국 거짓말이 들통났다.
엄마에게 거짓말한 것이 들통나서 혼쭐이 났다.

몰래 과자 먹은 것이 들통났어.

🔊 읽으면서 바르게 따라 써 보아요.

들	통	나	다
들	통	나	다

사실이 들통나다.
사실이 들통나다.

결국 거짓말이 들통났다.
결국 거짓말이 들통났다.

엄마에게 거짓말한 것이 들통나서 혼쭐이 났다.
엄마에게 거짓말한 것이 들통나서 혼쭐이 났다.

비밀이나 잘못된 일 따위가 드러나다.
비밀이나 잘못된 일 따위가 드러나다.

2. 필수 어휘 따라 쓰기 — 초등학교 교과서에 나오는 주요 낱말 ㄱ~ㄷ

복습하기

A 알맞은 뜻을 찾아 선으로 연결해 보아요.

❶ 고려하다   ㉠ 이럴 수도 없고 저럴 수도 없어 처신하기 곤란하다.

❷ 곤경   ㉡ 말이나 이야기 따위가 마음을 잡아끄는 은근한 맛이 있다.

❸ 구수하다   ㉢ 생각하고 헤아려 보다.

❹ 과대평가   ㉣ 바라던 일이 이루어지지 아니하여 마음이 상함.

❺ 낙심   ㉤ 실제보다 지나치게 높이 평가함.

❻ 난처하다   ㉥ 어려운 형편이나 처지.

B 알맞은 뜻을 찾아 선으로 연결해 보아요.

❶ 낭비   ㉠ 전체로 보아서. 또는 일반적으로.

❷ 낯설다   ㉡ 비밀이나 잘못된 일 따위가 드러나다.

❸ 다스리다   ㉢ 시간이나 재물 따위를 헛되이 헤프게 씀.

❹ 달갑다   ㉣ 전에 본 기억이 없어 익숙하지 아니하다.

❺ 대체로   ㉤ 국가나 사회, 단체, 집안의 일을 보살펴 관리하고 통제하다.

❻ 들통나다   ㉥ 거리낌이나 불만이 없어 마음이 흡족하다.

C 괄호 안에 알맞은 낱말의 번호를 고르세요.

> 보기 ①고려하다 ②곤경 ③구수하다 ④과대평가 ⑤낙심 ⑥난처하다
> ⑦낭비 ⑧낯설다 ⑨다스리다 ⑩달갑지 ⑪대체로 ⑫들통나다

❶ 국법으로 엄히 (   )

❷ 자신의 실력을 (   )하다.

❸ 시험 문제는 (   ) 쉬웠다.

❹ 엄마에게 거짓말한 것이 (   )

❺ 특별한 사정을 (   )

❻ 상대편을 (   )에 몰아넣다.

❼ 교통 체증으로 몇 시간을 (   )했다.

❽ 공부를 열심히 했는데 성적이 낮아서 (   )이 크다.

❾ 밤거리가 참 (   )

❿ 친구가 가지 않겠다고 고집을 부려 나는 (   )

⓫ 친구의 장난스러운 행동이 그다지 (   ) 않았다.

⓬ 된장찌개 맛이 (   )

D (보기)에서 하나의 낱말을 사용해 문장을 만들어 보아요.

> 보기 고려하다 곤경 구수하다 과대평가 낙심 난처하다

_____

> 보기 낭비 낯설다 다스리다 달갑다 대체로 들통나다

_____

2. 필수 어휘 따라 쓰기 　초등학교 교과서에 나오는 주요 낱말 ㄹ~ㅂ

④ ㄹ [리을]

라이벌 | 📖 **국어사전의 뜻**
　　　　　　서로 경쟁하는 사람.

어떻게 쓰일까요?

강력한 라이벌인 두 선수가 있다.
계백은 김유신과 라이벌이다.
한국팀은 최대의 라이벌인 일본을 이길 수 있었다.

나의 최대 라이벌은 나 자신이다.

🔊 읽으면서 바르게 따라 써 보아요.

라 이 벌

강력한 라이벌인 두 선수가 있다.
강력한 라이벌인 두 선수가 있다.

계백은 김유신과 라이벌이다.
계백은 김유신과 라이벌이다.

한국팀은 최대의 라이벌인 일본을 이길 수 있었다.
한국팀은 최대의 라이벌인 일본을 이길 수 있었다.

서로 경쟁하는 사람.
서로 경쟁하는 사람.

레벨

📖 **국어사전의 뜻**
지위나 품질 따위의 일정한 표준이나 정도.

어떻게 쓰일까요?
이 게임은 매우 높은 레벨로 어렵다.
레벨 1이 가장 낮은 것이다.
나의 학업 수준은 중등 레벨도 안 됩니다.

🔊 읽으면서 바르게 따라 써 보아요.

레	벨
레	벨

이 게임은 매우 높은 레벨로 어렵다.
이 게임은 매우 높은 레벨로 어렵다.

레벨 1이 가장 낮은 것이다.
레벨 1이 가장 낮은 것이다.

나의 학업 수준은 중등 레벨도 안 됩니다.
나의 학업 수준은 중등 레벨도 안 됩니다.

지위나 품질 따위의 일정한 표준이나 정도.
지위나 품질 따위의 일정한 표준이나 정도.

2. 필수 어휘 따라 쓰기 초등학교 교과서에 나오는 주요 낱말 ㄹ~ㅂ

❺ ㅁ [미음]

맞장구

📖 **국어사전의 뜻**
남의 말에 덩달아 호응하거나 동의하는 일.

어떻게 쓰일까요?

그의 말에 당연히 맞장구를 쳤다.
옆에서 맞장구를 치다.
선생님 말씀에 맞장구쳤다가 되레 욕만 먹었다.

🔊 읽으면서 바르게 따라 써 보아요.

맞	장	구
맞	장	구

그의 말에 당연히 맞장구를 쳤다.
그의 말에 당연히 맞장구를 쳤다.

옆에서 맞장구를 치다.
옆에서 맞장구를 치다.

선생님 말씀에 맞장구쳤다가 되레 욕만 먹었다.
선생님 말씀에 맞장구쳤다가 되레 욕만 먹었다.

남의 말에 덩달아 호응하거나 동의하는 일.
남의 말에 덩달아 호응하거나 동의하는 일.

마찬가지

📖 **국어사전의 뜻**
사물의 모양이나 일의 형편이 서로 같음.

어떻게 쓰일까요?

이러나 저러나 마찬가지다.
거의 없는 거나 마찬가지다.
시간이 지나도 우리 편이 이기기는 마찬가지다.

📢 읽으면서 바르게 따라 써 보아요.

마	찬	가	지
마	찬	가	지

이러나 저러나 마찬가지다.

이러나 저러나 마찬가지다.

거의 없는 거나 마찬가지다.

거의 없는 거나 마찬가지다.

시간이 지나도 우리 편이 이기기는 마찬가지다.

시간이 지나도 우리 편이 이기기는 마찬가지다.

사물의 모양이나 일의 형편이 서로 같음.

사물의 모양이나 일의 형편이 서로 같음.

2. 필수 어휘 따라 쓰기 — 초등학교 교과서에 나오는 주요 낱말 ㄹ~ㅂ

막바지

📖 **국어사전의 뜻**
어떤 일이나 현상 따위의 마지막 단계.

어떻게 쓰일까요?

방학도 막바지에 접어들었다.
무더위도 이제 막바지에 이르렀다.
전쟁이 막바지에 접어들자 적군은 총공격했다.

🔊 읽으면서 바르게 따라 써 보아요.

| 막 | 바 | 지 |

방학도 막바지에 접어들었다.

무더위도 이제 막바지에 이르렀다.

전쟁이 막바지에 접어들자 적군은 총공격했다.

어떤 일이나 현상 따위의 마지막 단계.

맑다

📖 **국어사전의 뜻**
티가 섞이거나 흐리지 않고 깨끗하다.
구름이나 안개가 끼지 않아 깨끗하다.

어떻게 쓰일까요?

마음이 곱고 맑다.
오늘은 유난히도 하늘이 맑다.
이곳은 산이 있어 공기가 맑다.

맑고 좋은 환경을 만들자!

🔊 읽으면서 바르게 따라 써 보아요.

맑	다
맑	다

마음이 곱고 맑다.
마음이 곱고 맑다.

오늘은 유난히도 하늘이 맑다.
오늘은 유난히도 하늘이 맑다.

이곳은 산이 있어 공기가 맑다.
이곳은 산이 있어 공기가 맑다.

티가 섞이거나 흐리지 않고 깨끗하다.
티가 섞이거나 흐리지 않고 깨끗하다.

2. 필수 어휘 따라 쓰기 초등학교 교과서에 나오는 주요 낱말 ㄹ~ㅂ

망신

📖 **국어사전의 뜻**
말이나 행동을 잘못하여 자기의 명예나 체면 따위가 손상을 입음.

어떻게 쓰일까요?

집안 망신을 톡톡히 시키다.
나는 망신을 톡톡히 당했다.
친구는 모르면서 아는 체하다가 망신만 당했다.

어물전 망신은 꼴뚜기가 시킨다.

🔊 **읽으면서 바르게 따라 써 보아요.**

망	신
망	신

집안 망신을 톡톡히 시키다.
집안 망신을 톡톡히 시키다.

나는 망신을 톡톡히 당했다.
나는 망신을 톡톡히 당했다.

친구는 모르면서 아는 체하다가 망신만 당했다.
친구는 모르면서 아는 체하다가 망신만 당했다.

말이나 행동을 잘못하여 자기의 명예나 체면 따위가 손상을 입음.
말이나 행동을 잘못하여 자기의 명예나 체면 따위가
손상을 입음.

매섭다

📖 **국어사전의 뜻**
남이 겁을 낼 만큼 성질이나 기세 따위가 매몰차고 날카롭다.

어떻게 쓰일까요?

그 아이는 눈매가 매섭다.
겨울바람이 매섭다.
독수리는 하늘을 나는 짐승 중에서 가장 매섭다.

🔊 읽으면서 바르게 따라 써 보아요.

매	섭	다
매	섭	다

그 아이는 눈매가 매섭다.
그 아이는 눈매가 매섭다.

겨울바람이 매섭다.
겨울바람이 매섭다.

독수리는 하늘을 나는 짐승 중에서 가장 매섭다.
독수리는 하늘을 나는 짐승 중에서 가장 매섭다.

남이 겁을 낼 만큼 성질이나 기세 따위가 매몰차고 날카롭다.
남이 겁을 낼 만큼 성질이나 기세 따위가 매몰차고
날카롭다.

2. 필수 어휘 따라 쓰기 — 초등학교 교과서에 나오는 주요 낱말 ㄹ~ㅂ

❻ ㅂ [비읍]

비교하다

📖 **국어사전의 뜻**
견주어 공통점이나 차이점, 우열을 살피다.

어떻게 쓰일까요?

두 낱말을 비교하다.
엄마는 형과 나를 비교한다.
다른 팀과 비교했을 때 우리 팀이 훨씬 좋다.

🔊 읽으면서 바르게 따라 써 보아요.

| 비 | 교 | 하 | 다 |

두 낱말을 비교하다.

엄마는 형과 나를 비교한다.

다른 팀과 비교했을 때 우리 팀이 훨씬 좋다.

견주어 공통점이나 차이점, 우열을 살피다.

배려

📖 **국어사전의 뜻**
도와주거나 보살펴 주려고 마음을 씀.

어떻게 쓰일까요?

관심과 배려를 아끼지 않았다.
상대방을 항상 배려하는 친구가 있다.
요즘 아이들은 남을 배려할 줄 모르는 경우가 많다.

세심한 배려에 감사드립니다.

🔊 **읽으면서 바르게 따라 써 보아요.**

| 배 | 려 |

관심과 배려를 아끼지 않았다.
관심과 배려를 아끼지 않았다.

상대방을 항상 배려하는 친구가 있다.
상대방을 항상 배려하는 친구가 있다.

요즘 아이들은 남을 배려할 줄 모르는 경우가 많다.
요즘 아이들은 남을 배려할 줄 모르는 경우가 많다.

도와주거나 보살펴 주려고 마음을 씀.
도와주거나 보살펴 주려고 마음을 씀.

2. 필수 어휘 따라 쓰기   초등학교 교과서에 나오는 주요 낱말 ㄹ~ㅂ

발뺌

📖 **국어사전의 뜻**
자기가 관계된 일에 책임을 지지 않고 빠짐.

어떻게 쓰일까요?

아무것도 모른다고 발뺌했다.
문제가 생기면 늘 발뺌을 했다.
서로 남에게 책임을 미루면서 발뺌만 했다.

🔊 읽으면서 바르게 따라 써 보아요.

| 발 | 뺌 |

아무것도 모른다고 발뺌했다.

아무것도 모른다고 발뺌했다.

문제가 생기면 늘 발뺌을 했다.

문제가 생기면 늘 발뺌을 했다.

서로 남에게 책임을 미루면서 발뺌만 했다.

서로 남에게 책임을 미루면서 발뺌만 했다.

자기가 관계된 일에 책임을 지지 않고 빠짐.

자기가 관계된 일에 책임을 지지 않고 빠짐.

버럭

📖 **국어사전의 뜻**
갑자기 화를 몹시 내거나 소리를 냅다 지르는 모양.

어떻게 쓰일까요?

아빠가 버럭 고함을 질렀다.
친구는 기분이 상했는지 버럭 화를 냈다.
친구는 화를 누르지 못하고 버럭 소리를 질렀다.

🔊 읽으면서 바르게 따라 써 보아요.

아빠가 버럭 고함을 질렀다.

친구는 기분이 상했는지 버럭 화를 냈다.

친구는 화를 누르지 못하고 버럭 소리를 질렀다.

갑자기 화를 몹시 내거나 소리를 냅다 지르는 모양.

2. 필수 어휘 따라 쓰기 — 초등학교 교과서에 나오는 주요 낱말 ㄹ~ㅂ

복습하기

A 알맞은 뜻을 찾아 선으로 연결해 보아요.

❶ 라이벌   ㉠ 지위나 품질 따위의 일정한 표준이나 정도.

❷ 레벨   ㉡ 서로 경쟁하는 사람.

❸ 맞장구   ㉢ 티가 섞이거나 흐리지 않고 깨끗하다.

❹ 마찬가지   ㉣ 남의 말에 덩달아 호응하거나 동의하는 일.

❺ 막바지   ㉤ 사물의 모양이나 일의 형편이 서로 같음.

❻ 맑다   ㉥ 어떤 일이나 현상 따위의 마지막 단계.

B 알맞은 뜻을 찾아 선으로 연결해 보아요.

❶ 매섭다   ㉠ 말이나 행동을 잘못하여 자기의 명예나 체면 따위가 손상을 입음.

❷ 버럭   ㉡ 남이 겁을 낼 만큼 성질이나 기세 따위가 매몰차고 날카롭다

❸ 망신   ㉢ 견주어 공통점이나 차이점, 우열을 살피다.

❹ 발뺌   ㉣ 도와주거나 보살펴 주려고 마음을 씀.

❺ 비교하다   ㉤ 자기가 관계된 일에 책임을 지지 않고 빠짐.

❻ 배려   ㉥ 갑자기 화를 몹시 내거나 소리를 냅다 지르는 모양.

C 괄호 안에 알맞은 낱말의 번호를 고르세요.

보기
①라이벌 ②레벨 ③맞장구 ④마찬가지 ⑤막바지 ⑥맑다
⑦망신 ⑧매섭다 ⑨비교하다 ⑩배려 ⑪발뺌 ⑫버럭

❶ 무더위도 이제 (　) 에 이르렀다.

❷ 오늘은 유난히도 하늘이 (　)

❸ 두 낱말을 (　)

❹ 친구는 모르면서 아는 체하다가 (　) 만 당했다.

❺ 그의 말에 당연히 (　) 를 쳤다.

❻ 친구는 잘못을 인정하지 않고 (　) 만 일삼았다.

❼ 상대방을 항상 (　) 하는 그들은 서로서로 양보했다.

❽ 이 게임은 매우 높은 (　) 로 어렵다.

❾ 그 아이는 눈매가 (　)

❿ 강력한 (　) 인 두 선수가 맞대결하게 되었다.

⓫ 친구는 화를 누르지 못하고 (　) 소리를 질렀다.

⓬ 이렇게 하나 저렇게 하나 (　) 다.

D 〈보기〉에서 하나의 낱말을 사용해 문장을 만들어 보아요.

보기 라이벌 레벨 맞장구 마찬가지 막바지 맑다

보기 망신 매섭다 비교하다 배려 발뺌 버럭

2. 필수 어휘 따라 쓰기 — 초등학교 교과서에 나오는 주요 낱말 ㅅ~ㅈ

❼ ㅅ [시옷]

사귀다

📖 국어사전의 뜻
서로 얼굴을 익히고 친하게 지내다.

어떻게 쓰일까요?

친구를 두루 넓게 사귀다.
참다운 친구를 사귀다.
그와 사귀고 싶은 마음이 전혀 없다.

 읽으면서 바르게 따라 써 보아요.

사	귀	다
사	귀	다

친구를 두루 넓게 사귀다.
친구를 두루 넓게 사귀다.

참다운 친구를 사귀다.
참다운 친구를 사귀다.

그와 사귀고 싶은 마음이 전혀 없다.
그와 사귀고 싶은 마음이 전혀 없다.

서로 얼굴을 익히고 친하게 지내다.
서로 얼굴을 익히고 친하게 지내다.

상큼하다

📖 **국어사전의 뜻**
보기에 시원스럽고 좋다. 향기롭고 시원하다.

어떻게 쓰일까요?

과일 향이 상큼하다.
상큼하고 깔끔한 맛이 좋다.
오이 냉채를 먹으니 입안이 상큼하고 밥맛이 좋다.

🔊 읽으면서 바르게 따라 써 보아요.

상	큼	하	다
상	큼	하	다

과일 향이 상큼하다.
과일 향이 상큼하다.

상큼하고 깔끔한 맛이 좋다.
상큼하고 깔끔한 맛이 좋다.

오이 냉채를 먹으니 입안이 상큼하고 밥맛이 좋다.
오이 냉채를 먹으니 입안이 상큼하고 밥맛이 좋다.

보기에 시원스럽고 좋다. 향기롭고 시원하다.
보기에 시원스럽고 좋다. 향기롭고 시원하다.

2. 필수 어휘 따라 쓰기 — 초등학교 교과서에 나오는 주요 낱말 ㅅ~ㅈ

살펴보다

📖 **국어사전의 뜻**
두루두루 자세히 보다. 무엇을 찾거나 알아보다.

어떻게 쓰일까요?

얼굴을 한 번 더 살펴보다.
문제지를 꼼꼼히 살펴보다.
두리번두리번 좌우를 살펴보다.

🔊 읽으면서 바르게 따라 써 보아요.

살	펴	보	다
살	펴	보	다

얼굴을 한 번 더 살펴보다.
얼굴을 한 번 더 살펴보다.

문제지를 꼼꼼히 살펴보다.
문제지를 꼼꼼히 살펴보다.

두리번두리번 좌우를 살펴보다.
두리번두리번 좌우를 살펴보다.

두루두루 자세히 보다.
두루두루 자세히 보다.

새겨듣다

📖 **국어사전의 뜻**
잊지 아니하도록 주의해서 듣다.

어떻게 쓰일까요?

엄마의 말씀을 잘 새겨듣다.
마음속으로 잘 새겨들어라.
웃어른의 말씀이니 잘 새겨듣겠습니다.

🔊 읽으면서 바르게 따라 써 보아요.

새	겨	듣	다
새	겨	듣	다

엄마의 말씀을 잘 새겨듣다.

엄마의 말씀을 잘 새겨듣다.

마음속으로 잘 새겨들어라.

마음속으로 잘 새겨들어라.

웃어른의 말씀이니 잘 새겨듣겠습니다.

웃어른의 말씀이니 잘 새겨듣겠습니다.

잊지 아니하도록 주의해서 듣다.

잊지 아니하도록 주의해서 듣다.

2. 필수 어휘 따라 쓰기 초등학교 교과서에 나오는 주요 낱말 ㅅ~ㅈ

⑧ ㅇ [이응]

아물다 📖 국어사전의 뜻
부스럼이나 상처가 다 나아 살갗이 맞붙다.

어떻게 쓰일까요?

상처가 깨끗하게 아물다.
상처가 다 아물어 붕대를 풀었다.
공기가 잘 통해야 상처가 빨리 아문다.

🔊 읽으면서 바르게 따라 써 보아요.

아 물 다

상처가 깨끗하게 아물다.

상처가 다 아물어 붕대를 풀었다.

공기가 잘 통해야 상처가 빨리 아문다.

부스럼이나 상처가 다 나아 살갗이 맞붙다.

유지하다

📖 **국어사전의 뜻**
어떤 상태나 상황을 그대로 보존하거나 변함없이 계속하여 지탱하다.

어떻게 쓰일까요?
평화를 유지하다.
선두를 유지하다.
차의 속도를 일정히 유지하다.

🔊 읽으면서 바르게 따라 써 보아요.

| 유 | 지 | 하 | 다 |

평화를 유지하다.

선두를 유지하다.

차의 속도를 일정히 유지하다.

어떤 상태나 상황을 그대로 보존하거나 변함없이 계속하여 지탱하다.

2. 필수 어휘 따라 쓰기 — 초등학교 교과서에 나오는 주요 낱말 ㅅ~ㅈ

알뜰하다

📖 **국어사전의 뜻**
일이나 살림을 정성스럽고 규모 있게 하여 빈틈이 없다.

어떻게 쓰일까요?

시간을 알뜰하게 사용하다.
알뜰하게 살림하다.
엄마는 버리는 물건이 거의 없을 정도로 알뜰하다.

🔊 읽으면서 바르게 따라 써 보아요.

알	뜰	하	다
알	뜰	하	다

시간을 알뜰하게 사용하다.
시간을 알뜰하게 사용하다.

알뜰하게 살림하다.
알뜰하게 살림하다.

엄마는 버리는 물건이 거의 없을 정도로 알뜰하다.
엄마는 버리는 물건이 거의 없을 정도로 알뜰하다.

일이나 살림을 정성스럽고 규모 있게 하여 빈틈이 없다.
일이나 살림을 정성스럽고 규모 있게 하여 빈틈이 없다.

인내심

📖 **국어사전의 뜻**
괴로움이나 어려움을 참고 견디는 마음.

어떻게 쓰일까요?

인내심을 기르다.
나는 인내심이 한계에 도달했다.
엄마는 인내심을 가지고 우는 아이를 달랬다.

인내심을 기르자!

🔊 읽으면서 바르게 따라 써 보아요.

| 인 | 내 | 심 |

인내심을 기르다.
인내심을 기르다.

나는 인내심이 한계에 도달했다.
나는 인내심이 한계에 도달했다.

엄마는 인내심을 가지고 우는 아이를 달랬다.
엄마는 인내심을 가지고 우는 아이를 달랬다.

괴로움이나 어려움을 참고 견디는 마음.
괴로움이나 어려움을 참고 견디는 마음.

2. 필수 어휘 따라 쓰기 — 초등학교 교과서에 나오는 주요 낱말 ㅅ~ㅈ

❾ ㅈ [지읒]

자존심

📖 국어사전의 뜻
남에게 굽히지 아니하고 자신의 품위를 스스로 지키는 마음.

어떻게 쓰일까요?

나는 자존심이 상했다.
친구는 자존심이 강했다.
자존심이 무척 센 친구가 있다.

🔊 읽으면서 바르게 따라 써 보아요.

자	존	심
자	존	심

나는 자존심이 상했다.
나는 자존심이 상했다.

친구는 자존심이 강했다.
친구는 자존심이 강했다.

자존심이 무척 센 친구가 있다.
자존심이 무척 센 친구가 있다.

남에게 굽히지 아니하고 자신의 품위를 스스로 지키는 마음.
남에게 굽히지 아니하고 자신의 품위를 스스로 지키는 마음.

재치

📖 **국어사전의 뜻**
눈치 빠른 재주. 또는 능란한 솜씨나 말씨.

어떻게 쓰일까요?

친구가 재치 있는 농담을 했다.
친구에게는 톡톡 튀는 재치가 있다.
담벼락에는 학생들의 재치가 담긴 낙서가 가득했다.

난 재치 있는 사람이야!

🔊 읽으면서 바르게 따라 써 보아요.

재	치
재	치

친구가 재치 있는 농담을 했다.
친구가 재치 있는 농담을 했다.

친구에게는 톡톡 튀는 재치가 있다.
친구에게는 톡톡 튀는 재치가 있다.

담벼락에는 학생들의 재치가 담긴 낙서가 가득했다.
담벼락에는 학생들의 재치가 담긴 낙서가 가득했다.

눈치 빠른 재주. 또는 능란한 솜씨나 말씨.
눈치 빠른 재주. 또는 능란한 솜씨나 말씨.

2. 필수 어휘 따라 쓰기 초등학교 교과서에 나오는 주요 낱말 ㅅ~ㅈ

조바심

📖 국어사전의 뜻
조마조마하여 마음을 졸임.

어떻게 쓰일까요?

지각할까 봐 조바심을 냈다.
조바심에 가슴을 태웠다.
친구는 늘 하던 버릇대로 조바심에 다리를 떨었다.

🔊 읽으면서 바르게 따라 써 보아요.

| 조 | 바 | 심 |

지각할까 봐 조바심을 냈다.
지각할까 봐 조바심을 냈다.

조바심에 가슴을 태웠다.
조바심에 가슴을 태웠다.

친구는 늘 하던 버릇대로 조바심에 다리를 떨었다.
친구는 늘 하던 버릇대로 조바심에 다리를 떨었다.

조마조마하여 마음을 졸임.
조마조마하여 마음을 졸임.

적절하다

📖 **국어사전의 뜻**
꼭 알맞다.

어떻게 쓰일까요?

축구 감독으로 적절하다.
반장의 결정은 적절했다.
그 영화는 가족들이 함께 보기에 아주 적절하다.

🔊 읽으면서 바르게 따라 써 보아요.

적	절	하	다
적	절	하	다

축구 감독으로 적절하다.

반장의 결정은 적절했다.

그 영화는 가족들이 함께 보기에 아주 적절하다.

꼭 알맞다.

2. 필수 어휘 따라 쓰기   초등학교 교과서에 나오는 주요 낱말 ㅅ~ㅈ

복습하기

A 알맞은 뜻을 찾아 선으로 연결해 보아요.

❶ 사귀다   ㉠ 보기에 시원스럽고 좋다.

❷ 상큼하다   ㉡ 서로 얼굴을 익히고 친하게 지내다.

❸ 살펴보다   ㉢ 어떤 상태나 상황을 그대로 보존하거나 변함없이 계속하여 지탱하다.

❹ 새겨듣다   ㉣ 부스럼이나 상처가 다 나아 살갗이 맞붙다.

❺ 아물다   ㉤ 두루두루 자세히 보다.

❻ 유지하다   ㉥ 잊지 아니하도록 주의해서 듣다.

B 알맞은 뜻을 찾아 선으로 연결해 보아요.

❶ 알뜰하다   ㉠ 조마조마하여 마음을 졸임.

❷ 인내심   ㉡ 눈치 빠른 재주. 또는 능란한 솜씨나 말씨.

❸ 자존심   ㉢ 일이나 살림을 정성스럽고 규모 있게 하여 빈틈이 없다.

❹ 재치   ㉣ 꼭 알맞다.

❺ 조바심   ㉤ 남에게 굽히지 아니하고 자신의 품위를 스스로 지키는 마음.

❻ 적절하다   ㉥ 괴로움이나 어려움을 참고 견디는 마음.

C 괄호 안에 알맞은 낱말의 번호를 고르세요.

> 보기 ①사귀다 ②상큼하다 ③살펴보다 ④새겨듣다 ⑤아물다 ⑥유지하다
> ⑦알뜰하다 ⑧인내심 ⑨자존심 ⑩재치 ⑪조바심 ⑫적절하다

❶ 얼굴을 한 번 더 (　　)

❷ 친구에게는 톡톡 튀는 (　　)가 있다.

❸ 선생님의 말씀을 잘 (　　)

❹ 그는 축구 감독으로 (　　)

❺ 친구의 말에 나의 (　　)은 휴지처럼 구겨졌다.

❻ 친구는 약속 시간에 늦을까 봐 (　　)을 냈다.

❼ 상처가 깨끗하게 (　　)

❽ 이 생과일주스는 냄새가 참 (　　)

❾ 엄마는 버리는 물건이 거의 없을 정도로 (　　)

❿ 친구를 두루 넓게 (　　)

⓫ 나는 (　　)이 한계에 도달했다.

⓬ 차의 속도를 일정히 (　　)

D (보기)에서 하나의 낱말을 사용해 문장을 만들어 보아요.

> 보기 사귀다 상큼하다 살펴보다 새겨듣다 아물다 유지하다

> 보기 알뜰하다 인내심 자존심 재치 조바심 적절하다

2. 필수 어휘 따라 쓰기 초등학교 교과서에 나오는 주요 낱말 ㅊ~ㅎ

⑩ ㅊ [치읓]

착오

📖 국어사전의 뜻
착각을 하여 잘못함. 또는 그런 잘못.

어떻게 쓰일까요?

시험 문제가 착오 없이 잘 풀려 간다.
한 치의 계산 착오도 없었다.
신제품은 수많은 시행착오 끝에 만들어졌다.

🔊 읽으면서 바르게 따라 써 보아요.

착	오
착	오

시험 문제가 착오 없이 잘 풀려 간다.
시험 문제가 착오 없이 잘 풀려 간다.

한 치의 계산 착오도 없었다.
한 치의 계산 착오도 없었다.

신제품은 수많은 시행착오 끝에 만들어졌다.
신제품은 수많은 시행착오 끝에 만들어졌다.

착각을 하여 잘못함. 또는 그런 잘못.
착각을 하여 잘못함. 또는 그런 잘못.

차이

📖 **국어사전의 뜻**
서로 같지 아니하고 다름. 또는 그런 정도나 상태.

어떻게 쓰일까요?

갈수록 친구와 실력 차이가 벌어졌다.
나와 친구의 생각은 차이가 크게 난다.
두 사람의 영어 실력은 큰 차이가 있다.

💬 친구의 키와 많이 차이가 난다.

 읽으면서 바르게 따라 써 보아요.

| 차 | 이 |

갈수록 친구와 실력 차이가 벌어졌다.
갈수록 친구와 실력 차이가 벌어졌다.

나와 친구의 생각은 차이가 크게 난다.
나와 친구의 생각은 차이가 크게 난다.

두 사람의 영어 실력은 큰 차이가 있다.
두 사람의 영어 실력은 큰 차이가 있다.

서로 같지 아니하고 다름. 또는 그런 정도나 상태.
서로 같지 아니하고 다름. 또는 그런 정도나 상태.

2. 필수 어휘 따라 쓰기 초등학교 교과서에 나오는 주요 낱말 ㅊ~ㅎ

⑪ ㅋ [키읔]

쾌활하다 | 📖 **국어사전의 뜻**
명랑하고 활발하다.

어떻게 쓰일까요?

그는 참 밝고 쾌활하다.
친구와 쾌활하게 농담했다.
형은 예전과 다름없이 쾌활한 모습이었다.

🔊 읽으면서 바르게 따라 써 보아요.

| 쾌 | 활 | 하 | 다 |

그는 참 밝고 쾌활하다.

친구와 쾌활하게 농담했다.

형은 예전과 다름없이 쾌활한 모습이었다.

명랑하고 활발하다.

캄캄하다

📖 **국어사전의 뜻**
아주 까맣게 어둡다. 희망이 없는 상태에 있다.

어떻게 쓰일까요?

달도 없어 앞이 캄캄하다.
앞일을 생각하니 캄캄하다.
부엉이가 우는 캄캄한 밤중이라 무섭다.

🔊 읽으면서 바르게 따라 써 보아요.

캄	캄	하	다
캄	캄	하	다

달도 없어 앞이 캄캄하다.
달도 없어 앞이 캄캄하다.

앞일을 생각하니 캄캄하다.
앞일을 생각하니 캄캄하다.

부엉이가 우는 캄캄한 밤중이라 무섭다.
부엉이가 우는 캄캄한 밤중이라 무섭다.

아주 까맣게 어둡다. 희망이 없는 상태에 있다.
아주 까맣게 어둡다. 희망이 없는 상태에 있다.

2. 필수 어휘 따라 쓰기 초등학교 교과서에 나오는 주요 낱말 ㅊ~ㅎ

⑫ ㅌ [티읕]

통틀어

📖 **국어사전의 뜻**
있는 대로 모두 합하여.

어떻게 쓰일까요?

도서관은 통틀어 열 개나 된다.
우리 동네에서 통틀어 제일 크다.
가지고 있는 돈이 통틀어 이천 원에 불과하다.

🔊 읽으면서 바르게 따라 써 보아요.

통	틀	어
통	틀	어

도서관은 통틀어 열 개나 된다.
도서관은 통틀어 열 개나 된다.

우리 동네에서 통틀어 제일 크다.
우리 동네에서 통틀어 제일 크다.

가지고 있는 돈이 통틀어 이천 원에 불과하다.
가지고 있는 돈이 통틀어 이천 원에 불과하다.

있는 대로 모두 합하여.
있는 대로 모두 합하여.

틀어지다

📖 **국어사전의 뜻**
본래의 방향에서 벗어나 다른 쪽으로 나가다.
꾀하는 일이 어그러지다.

어떻게 쓰일까요?

계획이 틀어지다.
친한 친구와 사이가 틀어지다.
날아가던 공의 방향이 오른쪽으로 틀어지다.

뜻을 생각하며 바르게 써 보아요!

🔊 읽으면서 바르게 따라 써 보아요.

틀	어	지	다
틀	어	지	다

계획이 틀어지다.

계획이 틀어지다.

친한 친구와 사이가 틀어지다.

친한 친구와 사이가 틀어지다.

날아가던 공의 방향이 오른쪽으로 틀어지다.

날아가던 공의 방향이 오른쪽으로 틀어지다.

본래의 방향에서 벗어나 다른 쪽으로 나가다.

본래의 방향에서 벗어나 다른 쪽으로 나가다.

2. 필수 어휘 따라 쓰기 — 초등학교 교과서에 나오는 주요 낱말 ㅊ~ㅎ

❸ ㅍ [피읖]

필사적

📖 국어사전의 뜻
죽을힘을 다하는 것.

어떻게 쓰일까요?

우리는 이번 일에 필사적이다.
사슴들은 필사적으로 뛰었다.
의병들은 나라를 지키기 위해 필사적으로 싸웠다.

🔊 읽으면서 바르게 따라 써 보아요.

필	사	적
필	사	적

우리는 이번 일에 필사적이다.
우리는 이번 일에 필사적이다.

사슴들은 필사적으로 뛰었다.
사슴들은 필사적으로 뛰었다.

의병들은 나라를 지키기 위해 필사적으로 싸웠다.
의병들은 나라를 지키기 위해 필사적으로 싸웠다.

죽을힘을 다하는 것.
죽을힘을 다하는 것.

풍성하다

📖 **국어사전의 뜻**
넉넉하고 많다.

어떻게 쓰일까요?
음식이 풍성하다.
풍성한 볼거리가 있다.
농민들은 풍성한 수확을 기원하였다.

풍성한 한가위 보내세요.

🔊 읽으면서 바르게 따라 써 보아요.

풍	성	하	다
풍	성	하	다

음식이 풍성하다.
음식이 풍성하다.

풍성한 볼거리가 있다.
풍성한 볼거리가 있다.

농민들은 풍성한 수확을 기원하였다.
농민들은 풍성한 수확을 기원하였다.

넉넉하고 많다.
넉넉하고 많다.

2. 필수 어휘 따라 쓰기 초등학교 교과서에 나오는 주요 낱말 ㅊ~ㅎ

⑭ ㅎ [히읗]

허술하다

📖 **국어사전의 뜻**
낡고 헐어서 보잘것없다.
치밀하지 못하고 엉성하여 빈틈이 있다.

어떻게 쓰일까요?

그 지역은 경비가 허술하다.
문단속이 허술하다.
허술하게 지은 담벼락이 무너졌다.

🔊 읽으면서 바르게 따라 써 보아요.

| 허 | 술 | 하 | 다 |

그 지역은 경비가 허술하다.

문단속이 허술하다.

허술하게 지은 담벼락이 무너졌다.

보잘것없다. 치밀하지 못하고 엉성하여 빈틈이 있다.

허물다

📖 **국어사전의 뜻**

헐어서 무너뜨리다. 사회적으로 이미 주어져 있는 규율, 관습 따위를 없어지게 하다.

어떻게 쓰일까요?

벽을 허물다.
고정 관념을 허물다.
마음의 장벽을 허물다.

담을 허물다.

🔊 읽으면서 바르게 따라 써 보아요.

| 허 | 물 | 다 |

벽을 허물다.

고정 관념을 허물다.

마음의 장벽을 허물다.

헐어서 무너뜨리다.

2. 필수 어휘 따라 쓰기 — 초등학교 교과서에 나오는 주요 낱말 ㅊ~ㅎ

복습하기

A 알맞은 뜻을 찾아 선으로 연결해 보아요.

❶ 착오

❷ 차이

❸ 쾌활하다

❹ 캄캄하다

❺ 통틀어

㉠ 있는 대로 모두 합하여.

㉡ 명랑하고 활발하다.

㉢ 서로 같지 아니하고 다름. 또는 그런 정도나 상태.

㉣ 아주 까맣게 어둡다.

㉤ 착각을 하여 잘못함. 또는 그런 잘못.

B 알맞은 뜻을 찾아 선으로 연결해 보아요.

❶ 틀어지다

❷ 필사적

❸ 풍성하다

❹ 허술하다

❺ 허물다

㉠ 낡고 헐어서 보잘것없다.

㉡ 본래의 방향에서 벗어나 다른 쪽으로 나가다.

㉢ 죽을힘을 다하는 것.

㉣ 헐어서 무너뜨리다.

㉤ 넉넉하고 많다.

C 〈보기〉에서 하나의 낱말을 사용해 문장을 만들어 보아요.

| 보기 | 착오 차이 쾌활하다 캄캄하다 통틀어 |

C 괄호 안에 알맞은 낱말의 번호를 고르세요.

> 보기 ①착오 ②차이 ③쾌활하다 ④캄캄하다 ⑤통틀어
>   ⑥틀어지다 ⑦필사적 ⑧풍성하다 ⑨허술하다 ⑩허물다

❶ 날아가던 공의 방향이 오른쪽으로 (   )

❷ 추석날이라 먹을 것이 (   )

❸ 그 지역은 경비가 (   )

❹ 두 사람의 영어 실력은 큰 (   )가 있다.

❺ 의병들은 나라를 지키기 위해 (   )으로 싸웠다.

❻ 오늘은 달도 없어 앞이 (   )

❼ 도서관은 (   ) 열 개도 되지 않는다.

❽ 한 치의 계산 (   )도 없었다.

❾ 마음의 장벽을 (   )

❿ 그 친구는 참 밝고 (   )

D 〈보기〉에서 하나의 낱말을 사용해 문장을 만들어 보아요.

> 보기 틀어지다 필사적 풍성하다 허술하다 허물다

부록

1 퍼즐 속의 낱말을 방향과 관계없이 직선으로 연결하여 끝말잇기를 해보세요.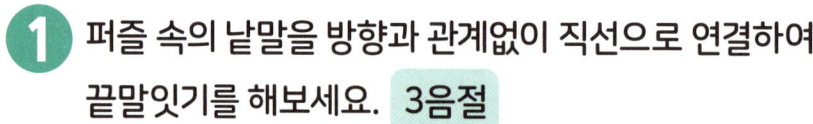

객	내	막	무	육	태	적	평	활	개
수	바	용	요	지	당	기	시	공	골
지	창	차	하	히	가	감	놀	일	대
우	온	안	인	자	언	이	요	점	지
개	국	보	본	법	구	화	한	만	제
품	장	본	상	보	다	루	내	천	통
계	납	수	요	일	단	대	쿠	실	항
관	담	인	양	기	독	연	학	무	질
대	드	입	용	장	대	길	니	교	상

1. 막바지
2. 지
3.
4.
5.
6.
7.
8.
9.
10.
11.
12.

2 퍼즐 속의 낱말을 방향과 관계없이 직선으로 연결하여 끝말잇기를 해보세요.

제	비	유	악	아	납	오	디	라	부
지	제	형	물	국	태	낙	망	메	복
날	음	다	음	은	등	리	어	카	얼
마	사	갑	귀	수	자	다	취	보	열
다	력	차	기	혜	사	사	숙	기	적
구	시	독	계	복	개	진	추	러	극
당	설	마	교	차	이	관	부	기	폭
동	구	대	마	률	이	장	등	식	물
간	이	역	사	탄	공	점	위	양	해

1. 아물다
2. 다
3.
4.
5.
6.
7.
8.
9.
10.
11.
12.
13.
14.
15.

부록

3 퍼즐 속의 낱말을 방향과 관계없이 직선으로 연결하여 끝말잇기를 해보세요.

형	이	려	시	님	꾼	커	텀	누	대
비	웃	발	서	끼	사	사	셈	지	댓
음	을	머	소	꺼	장	행	비	엿	꾼
악	너	멈	나	뼈	척	코	숨	깨	뚜
체	넛	며	무	지	개	감	쉬	젬	도
기	물	무	나	셔	인	콘	언	진	인
개	묻	버	석	도	기	티	감	나	무
영	러	범	성	러	주	신	씨	의	야
삼	신	부	기	술	자	터	까	락	자

1. 이발소
2. 소 ....
3. ....
4. ....
5. ....
6. ....
7. ....
8. ....
9. ....
10. ....
11. ....
12. ....

4 무질서하게 흩어져 있는 단어를 잘 연결하여 문장을 만들어 보아요. 속담

사	작	일	열	한	다.
시	경	이	반	아	지.
청	하	는	마	이	가

➡ 무슨 일이든지 시작하기가 어렵지 일단 시작하면 일을 끝마치기는 그리 어렵지 아니하다는 말입니다.

꼬	다	굳	절	민	접	힌	다.
서	와	가	길	너	한	함	자.
라	리	나	건	우	잡	둘	해.
참	요	다	남	면	만	날	소.

➡ 나쁜 일은 아무리 남모르게 한다고 해도 오래 두고 여러 번 계속하면 결국에는 들킨다는 말입니다.

바	놀	미	둑	라	개	도	복	단	라.
들	늘	라	독	나	비	아	눌	된	지.
나	누	소	녹	이	소	라	우	넌	다.
연	물	도	은	인	새	늘	둑	입	자.

➡ 작은 나쁜 짓도 자꾸 하게 되면 큰 죄를 저지르게 된다는 말입니다.

정답

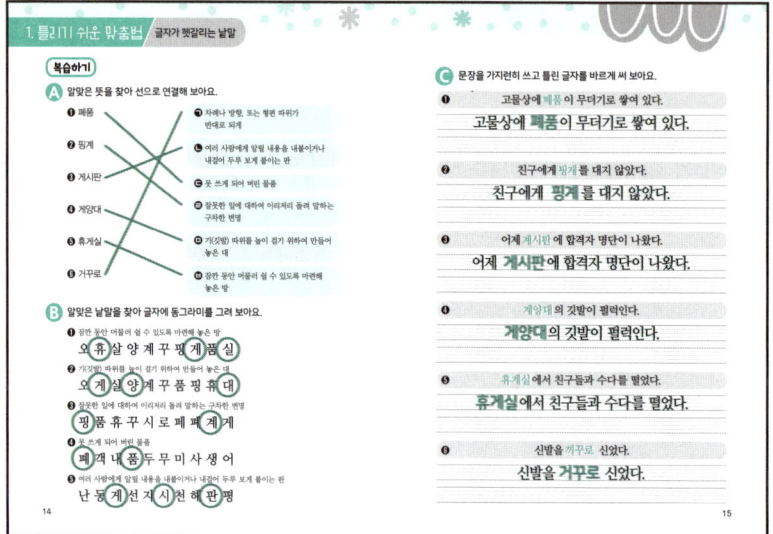
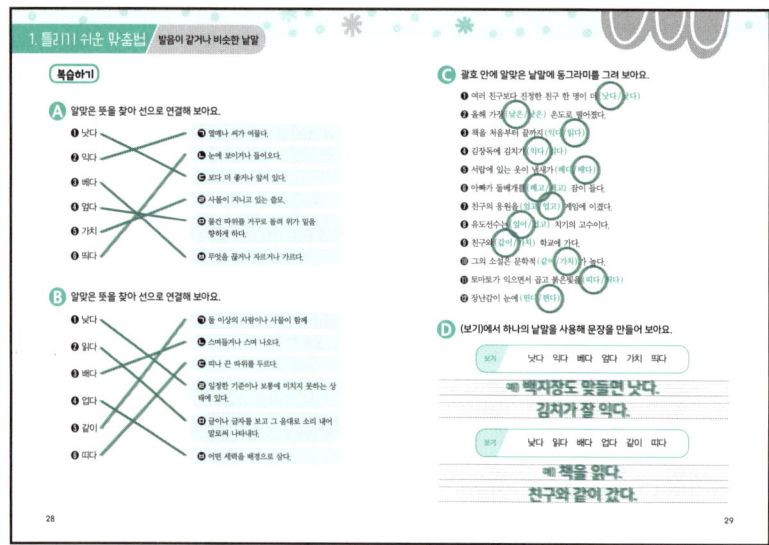
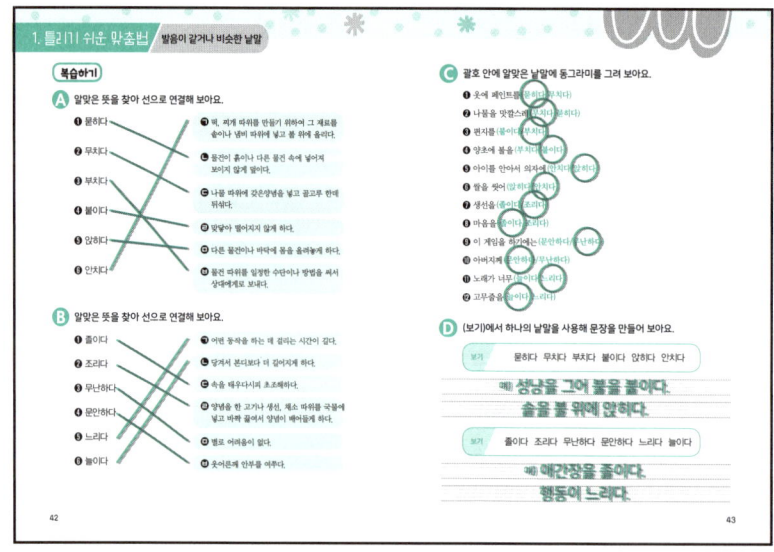

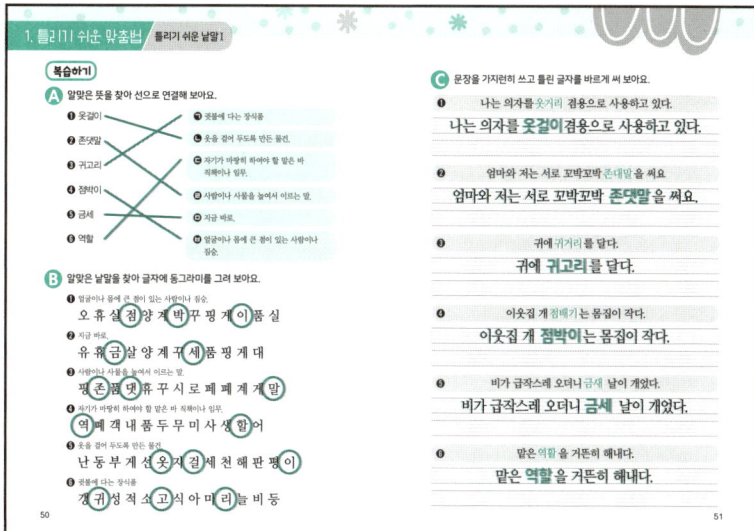
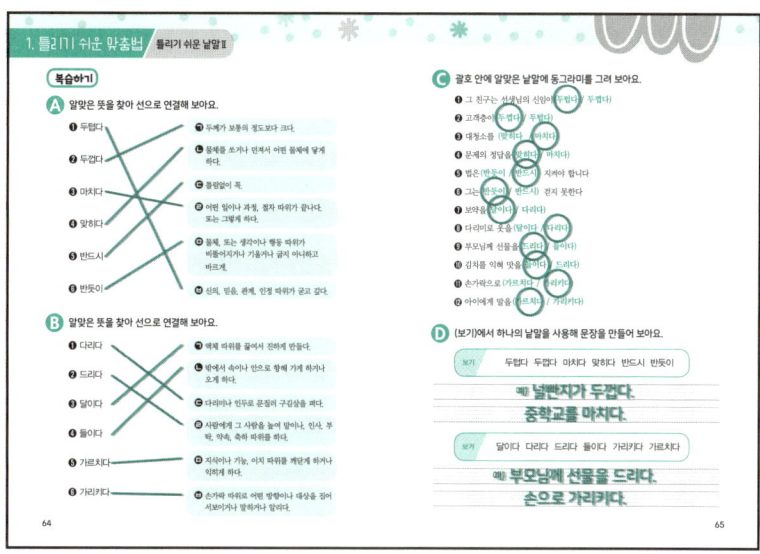
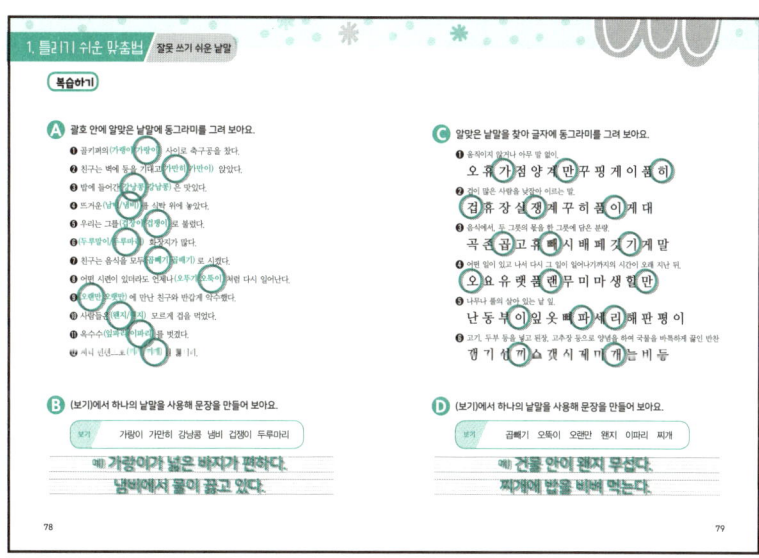

정답

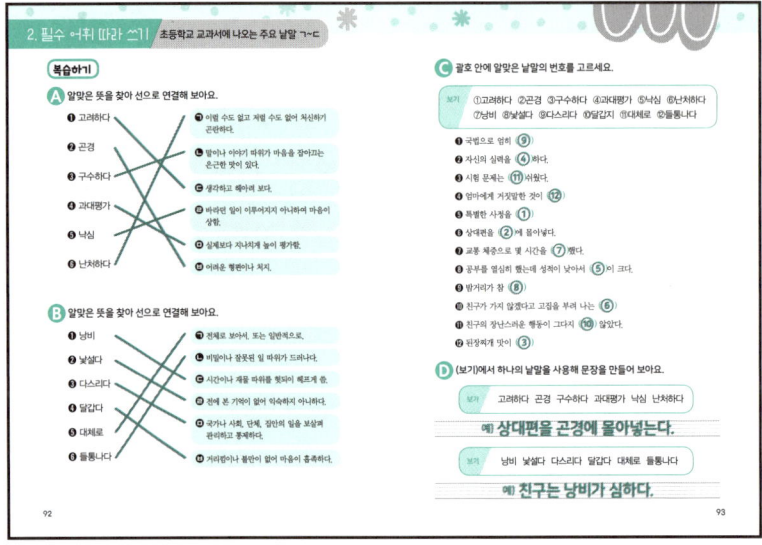
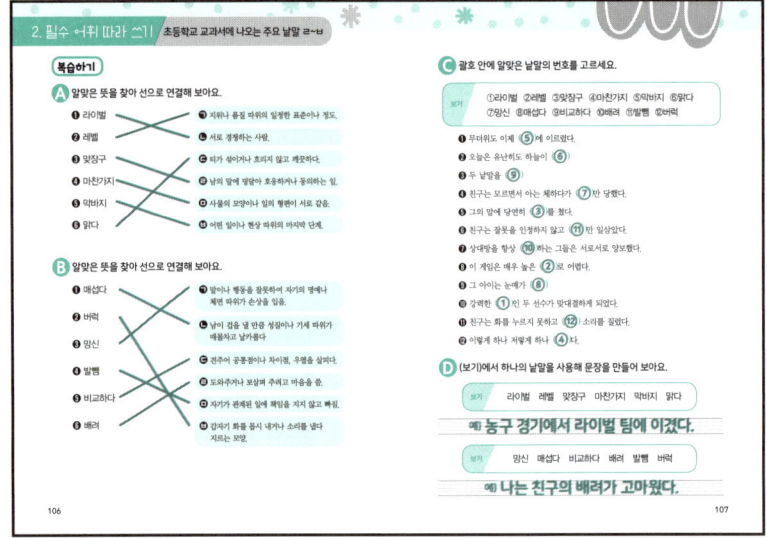
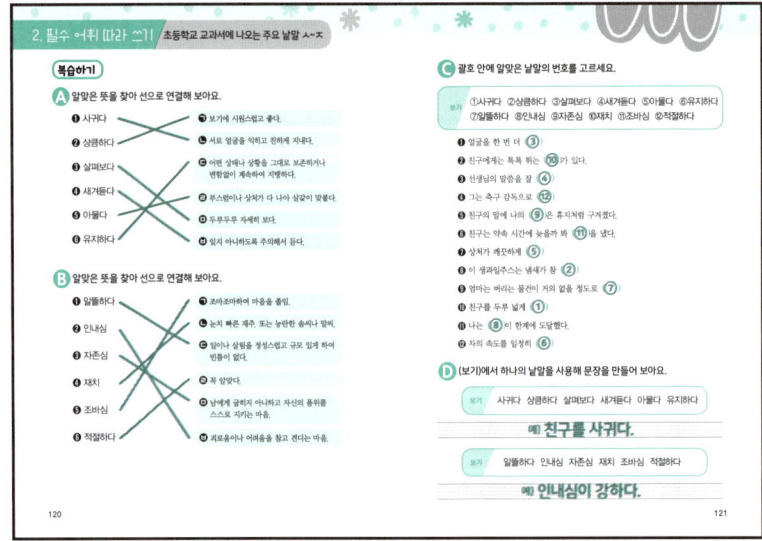

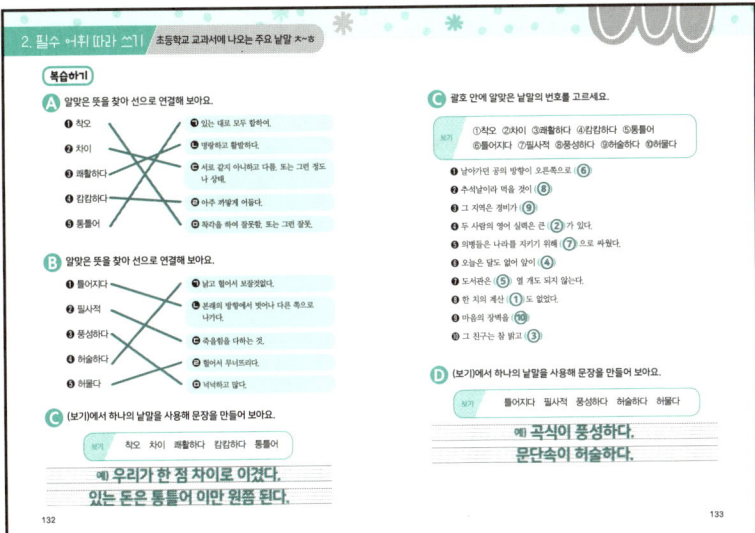
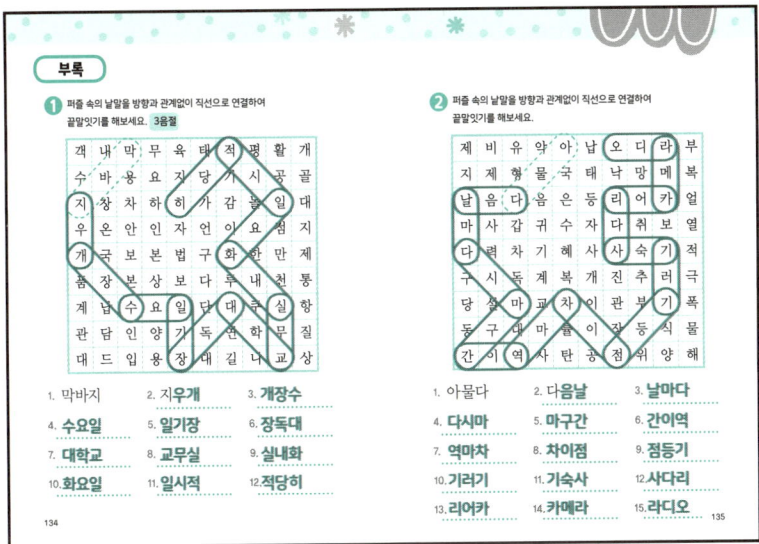
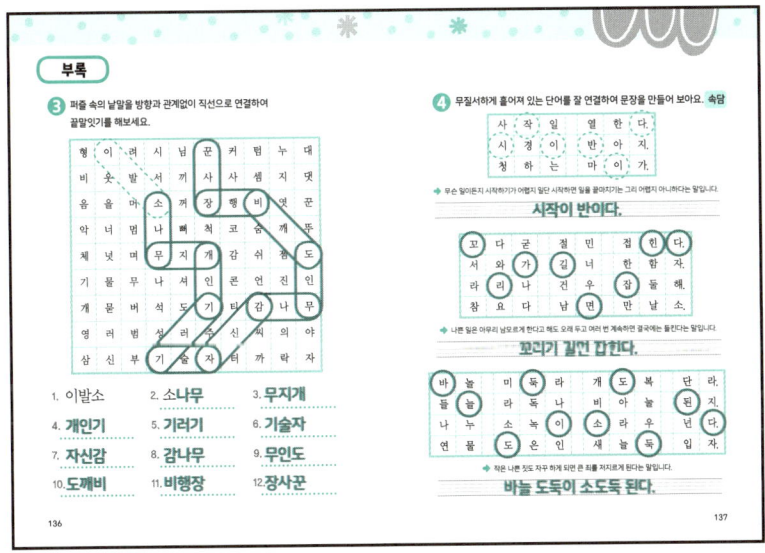

하루 한장
예쁜 손글씨 연습장

글 어린이독서사랑연구회

하루에 한 장씩 매일
계획표대로 천천히 따라 쓰기 연습을 해 보세요.

단계별 글씨 연습을 통해 누구나 평생 글씨가 달라져요.

7세 이상 | 112쪽 | 257×188 mm | 9,000원